AF556307

बाल कृष्ण

निरुपमा

ग्रंथ अकादमी, नई दिल्ली

प्रकाशक : ग्रंथ अकादमी,
भवन संख्या-19, पहली मंजिल, 2, अंसारी रोड, दरियागंज, नई दिल्ली-110002
सर्वाधिकार : सुरक्षित / संस्करण : 2023 / मूल्य : चार सौ रुपए
मुद्रक : नरुला प्रिंटर्स, दिल्ली ISBN 978-93-83110-87-2

BAL KRISHNA *by* Nirupama ₹ 400.00
Published by Granth Akademi, Building No. 19, First Floor
2, Ansari Road, Daryaganj, New Delhi-110002

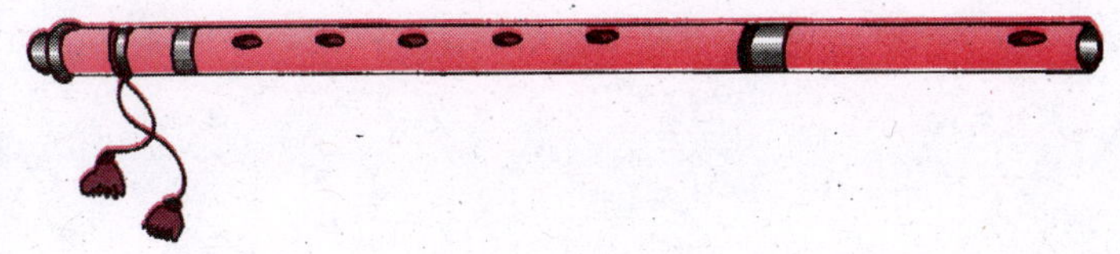

...अपनी बात

प्यारे बच्चो!

भगवान् कृष्ण से तो तुम भली प्रकार परिचित होगे। उनकी लीलाएँ तथा उनके अनेक चमत्कार हमें सुनने और पढ़ने को अकसर मिल ही जाते हैं। भगवान् कृष्ण ने अपनी बाल्यावस्था में जहाँ माखन चुराया तथा गोपियों को सताया, वहीं उन्होंने अनेक असुरों का संहार भी किया। इसी के साथ 'महाभारत' में द्रौपदी की लाज बचाई और अर्जुन को 'गीता' का उपदेश भी दिया। इस पुस्तक में हम उन्हीं भगवान् श्रीकृष्ण की बाल लीलाओं का वर्णन कर रहे हैं। सरल भाषा तथा चित्रों द्वारा पुस्तक को रोचक व ज्ञानवर्धक बनाने का पूर्ण प्रयास किया है। हमें आशा ही नहीं, अपितु पूर्ण विश्वास है कि यह पुस्तक केवल बाल पाठकों के लिए ही नहीं बल्कि प्रत्येक वर्ग के पाठकों के लिए उपयोगी होगी।

–निरुपमा

विनायकम्

506/13, शास्त्रीनगर, मेरठ (उ.प्र.)

विषय-सूची

आकाशवाणी

जब धरती पर पाप, अत्याचार और अधर्म बढ़ जाता है, तब भगवान् को धर्म की स्थापना के लिए किसी-न-किसी रूप में जन्म लेना ही पड़ता है।

कहा जाता है, हजारों वर्ष पूर्व पाप और अधर्म फैलानेवाली आसुरी शक्तियाँ इतनी बढ़ गई थीं कि धरती माता को उनका भार उठाना असंभव हो गया। तब धरती माँ अपने दुःख दूर करने के लिए ब्रह्माजी के साथ विष्णु भगवान् से प्रार्थना करने गईं।

धरती माँ की प्रार्थना सुनकर विष्णुजी बहुत दुःखी हुए और आश्वासन दिया कि-'हे देवी धरती! आप दुःखी न हों, मैं इस पृथ्वी पर शीघ्र ही कृष्ण के रूप में अवतार लूँगा और समस्त आसुरी शक्तियों का विनाश करके तुम्हें अधर्म एवं पाप से मुक्त कराऊँगा और पुनः इस पृथ्वी पर धर्म, सत्य एवं अहिंसा की स्थापना करूँगा।'

इस प्रकार विष्णु भगवान् ने धरती माँ को वचन देकर विदा कर दिया।

उस समय अत्याचारी कंस ने मथुरा में आतंक फैला रखा था। उसके अत्याचारों से प्रजा बहुत दुःखी थी। कंस अपनी चचेरी बहन देवकी से बहुत स्नेह करता था। उसने देवकी का विवाह अपने प्रिय मित्र वसुदेव के साथ कर दिया। जिस समय कंस अपनी बहन को स्वयं रथ चलाकर विदा करने जा रहा था, तभी रास्ते में आकाशवाणी हुई कि- 'अरे कंस! जिस बहन को तू इतने प्यार से विदा कर रहा है, उसी के गर्भ से पैदा होनेवाली आठवीं संतान तेरा वध करेगी।'

आकाशवाणी सुनकर कंस आश्चर्यचकित हो गया।

आकाशवाणी सुनते ही मृत्यु के भय से कंस भाई–बहन के प्रेम को भूल गया और क्रोध से काँपने लगा। उसने तुरंत म्यान से अपनी तलवार निकाली और देवकी को मारने के लिए तैयार हो गया। कंस क्रोध से काँपते हुए बोला, 'जब

देवकी ही न रहेगी तो उसकी आठवीं संतान कहाँ से पैदा होगी? इसलिए मैं अभी इसी समय देवकी का वध करूँगा, जिससे मेरा काल बनकर इसकी आठवीं संतान के पैदा होने का प्रश्न ही नहीं उठेगा।'

प्राणों से प्रिय अपनी बहन देवकी के प्रति कंस के मन में उस समय जरा भी प्रेम और दया नहीं आई।

कंस को इतने कठोर रूप में देखकर वसुदेव भी डर गए, किंतु उन्होंने बुद्धिमानी से काम लिया। वसुदेव ने कंस से हाथ जोड़कर प्रार्थना की कि– 'देवकी इस समय मेरी पत्नी है। इसकी रक्षा करना मेरा धर्म है। इस नवविवाहिता और अबला नारी के रक्त से तुम अपने हाथ क्यों रँगना चाहते हो? देवकी का पति होने के नाते मैं तुम्हें वचन देता हूँ कि मैं अपनी सभी संतानें पैदा होते ही तुम्हें सौंप दूँगा। तुम चाहो तो उन्हें जीवनदान देना अथवा मृत्यु! मेरी संतान के जीवन और मृत्यु पर सिर्फ तुम्हारा ही अधिकार होगा।'

कंस ने वसुदेव की बात मान ली और देवकी तथा वसुदेव को मथुरा की जेल में डाल दिया, जिससे वे दोनों उसके साथ कोई धोखा न कर सकें। इस प्रकार देवकी अपनी ससुराल पहुँचने से पहले ही मथुरा की जेल में डाल दी गई और कंस ने उन दोनों पर जेल में भी कड़ा पहरा बैठा दिया।

कंस ने छल से अपने पिता उग्रसेन को बंदी बनाया और स्वयं राजा बन गया। इस प्रकार राजा बनने के बाद कंस के अत्याचार दिन–प्रतिदिन बढ़ने लगे।

कंस द्वारा बाल-हत्याएँ

वसुदेव और देवकी का समय मथुरा की जेल में धीरे-धीरे बीतने लगा। आखिर वह समय आ ही गया जब देवकी ने अपनी पहली संतान के रूप में एक पुत्र को जन्म दिया।

देवकी तो अपने पुत्र को कंस को सौंपने के विचार से ही काँप उठती थीं, लेकिन वचनबद्ध होने के कारण वसुदेव अपने पुत्र को लेकर कंस के पास चले गए।

नवजात शिशु को देखकर कंस के मन में न जाने कहाँ से ममता जाग गई। कंस मन-ही-मन सोचने लगा कि 'मुझे खतरा तो सिर्फ देवकी की आठवीं संतान से है, फिर मैं क्यों इस नवजात शिशु की हत्या का पाप करूँ?' इन्हीं विचारों में उलझे हुए कंस ने नवजात शिशु को वसुदेव के हाथों में सौंप दिया।

कुछ ही देर बाद वहाँ पर नारदजी आए और कंस से बोले, 'राजन्! आपने देवकी के पुत्र को जीवनदान देकर अच्छा नहीं किया। यदि आपने देवकी के सातों पुत्रों को जीवनदान दे दिया तो आप कभी भी आठवें पुत्र की हत्या नहीं कर सकोगे। और यह भी हो सकता है कि देवकी के आठों पुत्र मिलकर तुम्हारी ही हत्या कर देंगे। आकाशवाणी कभी झूठी नहीं हो सकती।'

नारदजी की बातें सुनकर कंस का क्रोध और भी बढ़ गया। वह तुरंत कारागार गया और देवकी के पुत्र को छीनकर पत्थर की दीवार पर दे मारा और

उसकी जान ले ली। अपनी आँखों के
सामने ही अपने पुत्र की हत्या देखकर
देवकी का हृदय काँप उठा।
इस प्रकार अत्याचारी कंस ने एक-एक

करके देवकी के पाँच और पुत्रों की जान ले ली।

भगवान् की कृपा से देवकी सातवीं बार गर्भवती हुईं। लेकिन उनकी सातवीं संतान वसुदेव की दूसरी पत्नी के गर्भ में चली गई। इस प्रकार देवकी की सातवीं संतान ने बलराम के रूप में रोहिणी के गर्भ से जन्म लिया।

कंस और राजवैद्यों ने समझा कि देवकी का गर्भपात हो गया है। इसलिए उन्होंने देवकी की सातवीं संतान पर कोई ध्यान नहीं दिया। किंतु अब देवकी की आठवीं संतान पैदा होने की बारी थी, इसलिए कंस कोई खतरा मोल लेना नहीं चाहता था। कंस ने इस समय कारागार पर सख्त पहरा लगाकर देवकी और वसुदेव को जंजीरों से जकड़ दिया, जिससे वे भाग न सकें।

कृष्ण-जन्म

भाद्रपद मास की कृष्णपक्ष की अष्टमी की रात का समय था। वसुदेव और देवकी भगवान् विष्णु का ध्यान करने में मगन थे। आकाश में काले बादल मँडरा रहे थे और बिजली भी जोर से चमक रही थी। तभी उनके बंदीगृह में दिव्य प्रकाश दिखाई दिया। देवकी और वसुदेव को भगवान् विष्णु ने साक्षात् दर्शन दिए। भगवान् विष्णु ने देवकी को सावधान कर दिया कि 'वे कुछ ही समय में उनकी कोख से जन्म लेंगे, उन्हें चिंता करने की कोई आवश्यकता नहीं। अब उनके दु:ख दूर होने का समय आ गया है।'

भगवान् विष्णु ने वसुदेव से कहा कि–'गोकुल में नंद बाबा के घर यशोदा ने एक कन्या को जन्म दिया है। जैसे ही मेरा जन्म होगा, तुम मुझे नंद बाबा के घर ले जाना और मुझे उन्हें सौंपकर वहाँ से उनकी कन्या को लेकर देवकी के पास लिटा देना। तुम्हें किसी बात की चिंता करने की आवश्यकता नहीं है।'

इस प्रकार भगवान् विष्णु वसुदेव को सबकुछ बताकर अंतर्धान हो गए।

रात के ठीक बारह बजे कृष्ण भगवान् ने देवकी की कोख से जन्म लिया। वसुदेव ने अपने नवजात पुत्र को कुछ देर तक प्यार से देखा और पास में रखी एक टोकरी में अपने पुत्र को रख लिया। वसुदेव अश्रुपूर्ण नेत्रों से अपने पुत्र को एकटक देखते हुए सोच रहे थे कि 'मैं भी कितना अभागा हूँ कि अपने पुत्र की जान बचाने के लिए कुछ भी नहीं कर सकता! जंजीरों से जकड़ा हुआ कंस की

कारागार में कैद मैं यहाँ से भाग भी नहीं सकता!'

तभी अचानक भगवान् की लीला ने अपना चमत्कार दिखाना शुरू कर दिया। वसुदेव की जंजीर तथा कारागार का द्वार स्वयंमेव खुल गए तथा सभी पहरेदार गहरी नींद में सो गए। तब वसुदेव टोकरी में रखे हुए अपने पुत्र को

लेकर कारागार से बाहर निकल पड़े।

आधी रात के समय जब वसुदेव टोकरी में रखकर अपने पुत्र को लेकर गोकुल जा रहे थे तब घनघोर वर्षा हो रही थी और बिजली चमक रही थी। जब वसुदेव यमुना नदी के किनारे पहुँचे तो उन्होंने देखा कि नदी की लहरें पूरे उफान पर थीं। ऐसे में नदी पार करके गोकुल पहुँचना उनके लिए बहुत कठिन था।

वसुदेव ने मन-ही-मन भगवान् का स्मरण किया और यमुना में प्रवेश कर लिया। वसुदेव के यमुना में प्रवेश करने के साथ ही कृष्ण भगवान् के चरणों का स्पर्श करने के लिए नदी की लहरें बहुत ऊपर उठने लगीं। भगवान् कृष्ण नदी की इच्छा को समझ गए और उन्होंने अपने पैर टोकरी से नीचे लटका दिए, ताकि लहरें उनके चरण स्पर्श कर सकें। यमुना ने भगवान् कृष्ण के चरणों का स्पर्श किया और शांत हो गई। अब नदी का पानी सूख गया तथा वसुदेव जल्दी-जल्दी गोकुल की ओर चल दिए।

यमुना नदी पार करके वसुदेव शीघ्र ही नंद बाबा के घर पहुँचे। वहाँ नंद बाबा वसुदेव का ही इंतजार कर रहे थे। नंद बाबा ने जैसे ही टोकरी में देवकी की आठवीं संतान को देखा तो वे सब समझ गए।

वसुदेव अश्रुपूर्ण नेत्रों से नंद बाबा की तरफ देखकर बोले, 'मित्र! भगवान् विष्णु की आज्ञा से देवकी की आठवीं संतान को तुम्हें सौंपता हूँ। यह अत्याचारी कंस का काल है। तुम अपनी छत्रच्छाया में इस बालक का पालन-पोषण करो। यही बालक हमें कंस के अत्याचारों से मुक्ति दिलाएगा। इस बच्चे के बदले तुम अपनी नवजात कन्या मुझे दे दो।'

नंद बाबा ने टोकरी से देवकी के पुत्र को उठाकर यशोदा के पास लिटा दिया

और अपनी नवजात कन्या को वसुदेव की टोकरी में रख दिया। दोनों मित्र भगवान् की लीला को समझ गए और अश्रुपूर्ण नेत्रों से एक-दूसरे की तरफ देखने लगे।

इस प्रकार वसुदेव नंद बाबा की कन्या को टोकरी में लेकर शीघ्रता से कारागार की तरफ चल दिए। जब तक वे कारागार पहुँचे, तब तक कारागार के द्वार उसी तरह खुले रहे। सभी पहरेदार गहरी नींद में सोते रहे। वसुदेव ने शीघ्रता से कारागार में प्रवेश करके नवजात कन्या को देवकी के पास लिटा दिया। इसके बाद वसुदेव फिर जंजीरों में जकड़ गए तथा सभी पहरेदार गहरी नींद से जाग गए।

भगवान् की माया

देवकी की गोद में आते ही कन्या ने जोर–जोर से रोना शुरू कर दिया। कन्या के रोने की आवाज सुनकर सभी पहरेदार जाग गए और उन्होंने कंस को देवकी की आठवीं संतान के जन्म लेने की सूचना दी।

सूचना पाकर कंस शीघ्र ही बंदीगृह में जा पहुँचा। जैसे ही उसने कन्या को देखा तो वह क्रोध से आगबबूला हो गया। उसके मन में बार–बार अनेक सवाल उठ रहे थे कि क्या आकाशवाणी झूठी थी? क्या मेरी मृत्यु एक कन्या के हाथों होगी? देवकी की आठवीं संतान एक कन्या कैसे हो गई? इन्हीं विचारों में उलझे हुए कंस ने देवकी के हाथों से कन्या को छीन लिया।

कंस ने कन्या के पैर पकड़कर उसे दीवार पर मारने के लिए जैसे ही घुमाया तो कन्या उसके हाथों से छूटकर हवा में उड़ गई और बोली–

'अरे मूर्ख पापी कंस! मैं तो भगवान् की माया हूँ। तेरी बुद्धि को भ्रमित करने के लिए ही मैं यहाँ आई हूँ। तू मुझे नहीं मार सकता। तेरे काल ने कहीं और जन्म ले लिया है! तेरी मृत्यु निश्चित है! अब तू अपनी मृत्यु के दिन गिनने शुरू कर दे!'

नंद बाबा के घर पुत्र–जन्म होने का सुखद समाचार धीरे–धीरे पूरे गोकुल में फैल गया। सारा गाँव खुशी से झूम रहा था। नंद बाबा के घर को फूलों से सजाया गया। घर में चारों ओर खुशियाँ–ही–खुशियाँ थीं।

गाँव की बूढ़ी औरतें ढोलक की थाप पर मंगल गीत गा रही थीं और नंद

बाबा के पुत्र की बलाएँ ले रही थीं। अपने साँवले-सलोने पुत्र को देखकर यशोदा की खुशी का कोई ठिकाना नहीं था। पुत्र-जन्म की खुशी के कारण नंद बाबा के घर में चारों तरफ चहल-पहल थी।

गाँववालों के मुख से अपने पुत्र के लिए 'कितना सुंदर' शब्द सुनकर यशोदा खुशी से फूली न समा रही थीं। यशोदा की प्रिय सखी ने कहा कि–'साँवला रंग होने के कारण गाँव के बालकों के बीच में यशोदा तुम्हारा पुत्र उसी प्रकार सुशोभित होगा, जैसे सफेद पत्थरों के बीच में नीलम। इसलिए मुझे तुम्हारे बच्चे का साँवला रंग बहुत अच्छा लग रहा है। कृष्णपक्ष की काली अँधेरी रात में तुम्हारे पुत्र ने जन्म लिया है, इसलिए हम इसे 'कृष्ण' ही कहकर पुकारेंगे।' इस प्रकार गाँव की औरतों ने यशोदा के पुत्र को 'कृष्ण' कहना शुरू कर दिया।

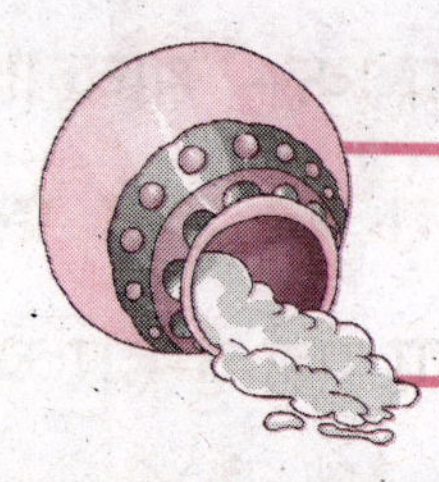

पूतना का वध

जब कंस के हाथों से छूटकर नवजात कन्या हवा में उड़ गई तो कंस की आशंका विश्वास में बदल गई कि अवश्य ही कोई दैवी शक्ति मुझे मारने के लिए षड्यंत्र रच रही है, अन्यथा देवकी के गर्भ में पल रही देवकी की आठवीं संतान कहाँ चली गई? अवश्य ही देवकी की आठवीं संतान ने किसी और के गर्भ से जन्म लिया होगा, जो बड़ा होकर मेरा वध करेगा।

मृत्यु के भय से कंस और भी क्रूर बन गया। कंस ने पूतना नाम की राक्षसी को बुलाकर आदेश दिया कि 'सावन के महीने में मथुरा के आस-पास के गाँवों में जितने भी बच्चे पैदा हुए हैं, उन सबको मार डालो। अब मैं कोई खतरा मोल नहीं लेना चाहता।'

पूतना तुरंत कंस की आज्ञा का पालन करने के लिए अपने स्तनों पर विष लगाकर गोकुल पहुँच गई। जब पूतना को नंद बाबा के घर पुत्र-जन्म की खबर मिली तो वह सीधे उनके घर पहुँच गई।

पूतना ने देखा कि यशोदा अपने पुत्र को बड़े प्यार से खिला रही थी। पूतना ने तुरंत एक सुंदर स्त्री का रूप बनाया और यशोदा से बातें करने लगी। किसी कार्यवश जैसे ही यशोदा अंदर गई, पूतना कृष्ण को अपने विष भरे स्तन का पान कराने लगी।

कृष्ण भगवान् तो सबकुछ जानते थे। वे पूतना को देखकर हँसे और पूतना

का स्तनपान करने लगे। कृष्ण ने इतनी जोर से पूतना का स्तनपान किया कि उसके प्राण ही खींच लिये। पूतना रोती-चिल्लाती रह गई और निर्जीव होकर पृथ्वी पर एक कटे हुए पेड़ की भाँति गिर गई।

सारा गाँव जब कृष्ण को खोजता हुआ वहाँ पहुँचा तो कृष्णजी पूतना के मृत शरीर पर बैठकर मुसकरा रहे थे।

मायावी तृणावर्त का काल

पूतना की मृत्यु के बाद कंस को पूरा विश्वास हो गया कि कृष्ण ही देवकी की आठवीं संतान है, जो आगे चलकर उसका काल बनेगा। इस बार कंस ने कृष्ण को मारने के लिए तृणावर्त नाम के राक्षस को गोकुल भेजा। तृणावर्त बहुत ही मायावी था। वह हवा के झोंके के रूप में गोकुल गया और अपना मायाजाल फैलाने लगा।

तृणावर्त की माया के प्रभाव से कृष्ण का भार इतना अधिक बढ़ गया कि यशोदा घबराने लगी और रोते-रोते नंद बाबा को बुलाने घर के अंदर चली गई।

तृणावर्त ने कृष्ण को अकेले देखकर अवसर का लाभ उठाया और कृष्ण को अपने कंधे पर बैठाकर वायु का तेज झोंका बनकर आकाश में उड़ गया। कृष्ण को मारने के लिए तृणावर्त ने अपने शरीर को इस प्रकार तेजी से घुमाया जिससे बालक कृष्ण गिरकर मर जाए। लेकिन बालक कृष्ण ने बाज के पंजों के समान अपनी उँगलियाँ तृणावर्त की गरदन में गड़ा दीं। देखते-ही-देखते कृष्ण ने अपने शरीर का भार इतना बढ़ा लिया कि तृणावर्त उनके भार के नीचे दब गया। तृणावर्त जब तक मर नहीं गया तब तक श्रीकृष्ण अपना भार बढ़ाते रहे।

पृथ्वी पर मृत पड़े तृणावर्त राक्षस के विशाल शरीर को देखकर सभी गाँववाले आश्चर्यचकित हो गए। पूतना और तृणावर्त जैसे राक्षसों का वध तो श्रीकृष्ण ने बाल्यकाल में ही कर दिया था।

कृष्ण द्वारा तृणावर्त के वध से कंस बुरी तरह भयभीत हो गया।

कृष्ण की नटखट लीला

कहा जाता है, दैवी चमत्कार से देवकी की सातवीं संतान ने बलराम के रूप में रोहिणी के गर्भ से जन्म लिया। वसुदेव के जेल में बंदी होने के कारण नंद बाबा ने रोहिणी और बलराम को अपने पास बुला लिया, जिससे वसुदेव की अनुपस्थिति में कोई उनका अहित न कर सके। इस प्रकार नंद बाबा और यशोदा कृष्ण तथा बलराम का पालन-पोषण करने लगे। कृष्ण नटखट और चंचल स्वभाव के थे तो बलराम शांत और गंभीर स्वभाव के थे।

एक बार दही, दूध और मक्खन से भरे मटकों से लदा ठेला नंद बाबा के घर के दरवाजे पर खड़ा था। पास में ही कृष्ण सो रहे थे। अचानक उन्हें बहुत जोरों से भूख लगी और वे नींद से जागकर रोने लगे। किंतु यशोदा ने उनके रोने की तरफ कोई ध्यान नहीं दिया। जब कृष्ण ने देखा कि माता यशोदा अपने काम में व्यस्त हैं और उनकी तरफ कोई ध्यान नहीं दे रही हैं तो उन्होंने क्रोध में आकर एक लात मारकर ठेला पलट दिया, जिससे दही, दूध एवं मक्खन से भरे सारे मटके जमीन पर टूटकर गिर गए और सारा दही, दूध व मक्खन भूमि पर गिरकर फैल गया।

मटके टूटने की आवाज सुनकर यशोदा बहुत परेशान हो गईं और तुरंत अपना काम छोड़कर बाहर आ गईं। वह यह देखकर हैरान हो गईं कि सारे मटके भूमि पर टूटे पड़े हैं और कृष्ण टूटे मटके से मक्खन निकालकर खा रहे हैं। यशोदा ने

प्यार से कृष्ण को देखा और गोद में उठा लिया। मन-ही-मन भगवान् का आभार प्रकट किया कि उसके पुत्र को कहीं चोट नहीं लगी।

एक बार श्रीकृष्ण खेल रहे थे कि उन्होंने एक फल बेचनेवाले की आवाज

सुनी। फल खाने की इच्छा से कृष्ण ने अपनी मुट्ठी में चावल भरे और फल बेचनेवाले के पीछे भागने लगे। जब तक कृष्ण फल बेचनेवाले के पास पहुँचे, तब तक सारे चावल उनकी मुट्ठी से निकलकर जमीन पर गिर गए। फलवाला कृष्ण की मासूमियत और भोलेपन पर मोहित हो गया तथा उन्हें बहुत सारे फल खाने के लिए दिए। फलवाले की आँखों के सामने पूरे दिन कृष्ण का भोला-भाला चेहरा घूमता रहा। जब उसने घर जाकर बचे हुए फलों को देखा तो उसके आश्चर्य का ठिकाना न रहा, क्योंकि सारे फल रत्नों में परिवर्तित हो चुके थे। फलवाले ने मन-ही-मन कृष्ण भगवान् को धन्यवाद किया।

अन्य बालकों के समान कृष्ण भी अपनी माता से छिप-छिपकर मिट्टी खाते थे और चोरी पकड़े जाने पर मिट्टी खाने की बात नकार जाते थे। एक बार माता यशोदा ने कृष्ण को मिट्टी खाते देख लिया। यशोदा ने कृष्ण के मुख से मिट्टी निकलवाने के लिए बड़ी मुश्किल से उनका मुख खुलवाया। कृष्ण तो बचपन से ही छलिया थे। उन्होंने अपना मुख खोलकर माता यशोदा को संपूर्ण ब्रह्मांड के दर्शन करा दिए। कृष्ण के मुख में संपूर्ण ब्रह्मांड के दर्शन करके यशोदा आश्चर्यचकित रह गईं और अपने पुत्र को प्रेम से अपने आँचल में छिपा लिया।

श्रीकृष्ण बचपन से ही नटखट स्वभाव के थे। वे तरह-तरह की लीलाएँ करके यशोदा को रिझाने की कोशिश करते थे। अगर यशोदा उनकी ओर ध्यान नहीं देती थीं तो वे क्रोधित होकर उन्हें और परेशान करते थे। एक बार कृष्णजी को बहुत भूख लगी थी। वे दूध पीने की जिद कर रहे थे, लेकिन माता यशोदा दही बिलोने में व्यस्त थीं। जब कृष्ण नहीं माने तो यशोदाजी उन्हें अपनी गोद में लिटाकर दूध पिलाने लगीं और साथ-साथ दही भी बिलो रही थीं।

कृष्ण की हठ करने के कारण वे यह भूल गईं कि रसोई में चूल्हे पर दूध उबल रहा था। जब उन्हें चूल्हे पर रखे दूध की याद आई तो वे कृष्ण को वहीं छोड़कर रसोई में चली गईं। कृष्ण अपनी इस उपेक्षा को सहन करने वाले नहीं थे। उन्होंने तुरंत मथानी मारकर दही का मटका तोड़ दिया। लेकिन फिर भी उनका क्रोध शांत नहीं हुआ। फिर कृष्ण उस कोठरी में गए, जहाँ मक्खन से भरे मटके छत से लटक रहे थे। कृष्ण एक बड़ी सी ओखली पर चढ़ गए और मक्खन से भरे कई घड़े भूमि पर गिराकर तोड़ दिए।

मटके गिरने की आवाज सुनकर कृष्ण के ग्वाले मित्र भी वहाँ आकर मक्खन खाने लगे। कृष्ण का मुख और कपड़े मक्खन में सने हुए थे। इस दृश्य को देखकर यशोदा हैरान रह गईं।

टूटे मटके और जमीन पर फैले हुए मक्खन को देखकर यशोदा बहुत क्रोधित हुईं और डंडा लेकर कृष्ण को पकड़ने के लिए जैसे ही उनके पास आईं तो वे कोठरी से निकलकर पूरे घर में इधर से उधर भागने लगे।

आगे कृष्ण भाग रहे थे और पीछे माता यशोदा। जब कृष्ण माता यशोदा की पकड़ में आए तो पिटाई से बचने के लिए रोने लगे। कृष्ण को रोता देखकर यशोदा को उन पर दया आ गई और उन्होंने कृष्ण को ओखली से बाँधने का निश्चय कर लिया।

माता यशोदा कृष्ण को जितनी बड़ी रस्सी से बाँधने की कोशिश करतीं, उतनी ही रस्सी छोटी रह जाती। इस रहस्य को देखकर यशोदा आश्चर्यचकित हो गईं और खीझकर रोने लगीं। माता को रोता देखकर कृष्ण स्वयं ही प्रेमपाश में बँध गए। कृष्ण तो नटखट होने के कारण अधिक देर तक बँधने वाले नहीं थे।

उन्होंने छोटे-छोटे हाथों से ओखली को गिरा दिया। अब तो ओखली कृष्ण के पीछे-पीछे घिसटने लगी। कुछ ही देर में कृष्ण आँगन में खड़े दो अर्जुन वृक्षों के बीच में से निकले तो ओखली वृक्षों के बीच में अटक गई। कृष्ण ने जैसे ही रस्सी को खींचा तो दोनों पेड़ जमीन पर गिर गए। वे दोनों वृक्ष कुबेर के पुत्र थे, जिन्हें कृष्ण ने शाप से मुक्ति दिलाई। इस प्रकार शाप से मुक्ति पाकर कुबेर-पुत्र देवलोक को चले गए।

जब गाँव की ग्वालिनों को इस बात का पता चला कि कृष्ण को मक्खन बहुत पसंद है तो वे उन्हें प्यार से अपने घर बुलाकर ले जातीं और खूब मक्खन खिलातीं। लेकिन कृष्ण जब बड़े हुए तो अपने मित्रों के साथ ग्वालिनों के घर में घुसकर उनके मटके तोड़कर मक्खन चुराते थे। पूरे गोकुल के घरों में अब मक्खन चुराने की कृष्ण की आदत बन गई थी। कृष्ण के डर से ग्वालिनें मक्खन के घड़ों को छत से लटकाकर रखने लगीं। लेकिन कृष्ण तो माननेवाले नहीं थे।

कृष्ण उनके घरों में खिड़की से कूदकर मित्रों के साथ जाते और उनकी पीठ पर चढ़कर मक्खन चुराते थे और कभी कंकड़ मारकर मटके फोड़ देते थे। कृष्ण की इन आदतों से गाँव की ग्वालिनें परेशान होकर यशोदा से उनकी शिकायत करती थीं। किंतु कृष्ण माखन चोरी करने की बात को तुरंत नकार जाते और उलटा ग्वालिनों को ही झूठा साबित करने की कोशिश करते थे।

नंद बाबा के घर में तो वैसे ही दूध, दही और मक्खन की कोई कमी नहीं थी, लेकिन फिर भी कृष्ण को गाँव की ग्वालिनों को सताने में बड़ा आनंद आता था।

एक बार गोकुल गाँव में आसुरी शक्तियों का प्रकोप इतना बढ़ने लगा कि डर से गोकुलवासी अपनी जान बचाने के लिए वृंदावन जाने की तैयारी करने लगे। गोकुलवासियों को संदेह था कि ये आसुरी शक्तियाँ कंस द्वारा उनके प्राण लेने के लिए भेजी गई हैं। इसलिए वे अपने प्राण बचाने के लिए वृंदावन चले गए।

वृंदावन ग्वालों और चरवाहों का गाँव होने के कारण भेड़-बकरियों को चराने के लिए भी अच्छा था। जब वृंदावन के सभी ग्वाले वन में भेड़-बकरियाँ चराने जाते तो उनके साथ कृष्ण और बलराम भी चले जाते। हरे-भरे वन और प्रकृति की गोद में समय बिताना कृष्ण एवं बलराम को बहुत अच्छा लगता था; क्योंकि उन पर वन में कोई बंधन नहीं था। खेलने की भी पूरी स्वतंत्रता थी। वे दोनों भाई सुबह से शाम तक गाय और बछड़े चराते थे। पूरा दिन उनका कब बीतता, उन्हें पता ही नहीं चलता था। यहाँ पर श्रीकृष्ण ने बाँसुरी बजानी सीखी।

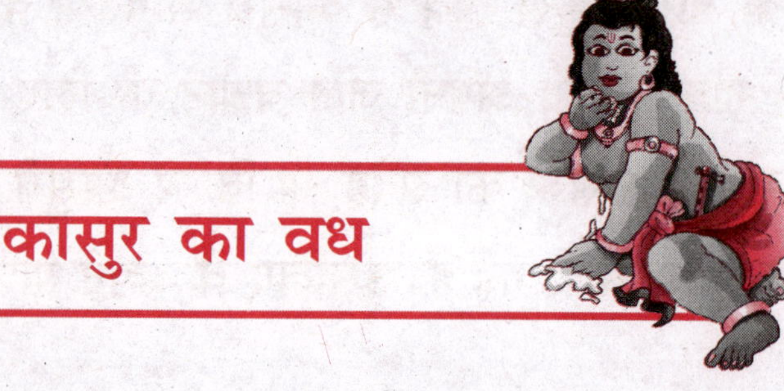

बकासुर का वध

कंस ने कृष्ण को मारने के लिए अनेक दानवी शक्तियों का सहारा लिया। कंस ने एक बार वत्सासुर नाम के एक मायावी राक्षस को बुलाकर आदेश दिया कि 'वत्सासुर, जाओ! किसी भी तरह कृष्ण की हत्या करके ही वापस लौटना।'

वत्सासुर ने तुरंत कंस की आज्ञा का पालन किया और कृष्ण तथा बलराम के बछड़ों में जाकर मिल गया, जिससे अवसर पाते ही कृष्ण की हत्या कर सके। लेकिन कृष्ण ने वत्सासुर को पहचान लिया और उसे पिछली टाँगों से पकड़कर कँटीले तनेवाले एक पेड़ पर फेंक दिया। पेड़ से टकराकर वत्सासुर जमीन पर गिरकर मर गया। इस तरह कंस द्वारा भेजा गया वत्सासुर नाम का राक्षस भी कृष्ण को मारने में सफल नहीं हो सका।

इसके बाद पूतना के वध से व्याकुल उसके भाई बकासुर ने कृष्ण को मारने का बीड़ा उठाया और वह एक बड़े बगुले का वेश बनाकर, कृष्ण को अपनी चोंच में उठाकर ले गया। कृष्ण ने अपने शरीर का ताप इतना अधिक बढ़ा लिया कि वह आग का गोला बन गया। आग की गरमी से बगुले का शरीर जलने लगा और उसने कृष्ण को अपनी चोंच से छोड़ दिया। बगुले की चोंच से छूटने के बाद कृष्ण ने बगुले की चोंच को ही इस प्रकार चीरा कि वह सीधा यमलोक पहुँच गया। इस प्रकार, बचपन में ही श्रीकृष्ण ने न जाने कितने राक्षसों का वध कर दिया था!

व्योमासुर का वध

बचपन में एक बार श्रीकृष्ण और उनके मित्र 'चरवाहे और भेड़ चोर' खेल खेल रहे थे। तभी व्योमासुर नाम का एक राक्षस कृष्ण को मारने के इरादे से वहाँ पर आया और कृष्ण के साथियों के साथ उनके खेल में शामिल हो गया। संयोग से व्योमासुर को कृष्ण के साथियों ने 'भेड़ चोर' बना दिया। अब तो व्योमासुर ने कई ग्वालों को उठाया और पास की गुफा में कैद कर आया।

जब कृष्ण ने देखा कि उनके साथी ग्वाले धीरे-धीरे कम क्यों हो रहे हैं तो उन्हें व्योमासुर पर संदेह होने लगा। कृष्ण ने व्योमासुर का पीछा किया और उसकी सच्चाई जान गए। अब कृष्ण ने व्योमासुर को युद्ध की चुनौती दी और कहा कि 'यदि तुम्हारे अंदर साहस है तो सामने से वार करो, छिप-छिपकर ग्वालों को इस तरह क्यों बंदी बना रहे हो?'

कृष्ण की चुनौती सुनकर व्योमासुर अपने को रोक न सका और अपने असली रूप में आ गया। व्योमासुर और कृष्ण में बड़ा भयंकर युद्ध हुआ। किंतु श्रीकृष्ण ने अपने एक ही शक्तिशाली प्रहार से उस राक्षस को मौत के घाट उतार दिया और अपने साथियों को राक्षस की कैद से मुक्त करा दिया। सभी ग्वाले अपने मित्र कृष्ण के अद्‌भुत पराक्रम को देखकर आश्चर्यचकित रह गए।

अघासुर का वध

कृष्ण का वध करने आए व्योमासुर की मृत्यु से उसके भाई अघासुर को बहुत दु:ख हुआ और वह कृष्ण से बदला लेने के लिए बहुत बड़े अजगर का रूप बनाकर उसी रास्ते पर बैठ गया, जहाँ से कृष्ण और उनके साथी अपनी गाय तथा भेड़ चराने जाते थे। उस अजगर ने अपने शरीर का आकार इतना बड़ा कर लिया कि उसका मुख एक छोटी सी गुफा के समान लग रहा था। इसलिए कृष्ण के साथी अजगर के मुँह में अपनी गायों तथा भेड़ों के साथ ही प्रवेश कर गए।

कृष्ण अजगर के रहस्य को समझ गए और उन्होंने अपने साथियों को अजगर के मुख में प्रवेश करने से रोकना चाहा, किंतु दुर्भाग्य से उन्हें कृष्ण की आवाज सुनाई नहीं दी। अब तो अपने साथियों को बचाने के लिए कृष्ण भी अजगर के मुख में कूद गए और अपने शरीर का आकार इतना अधिक बढ़ा लिया कि अजगर अपना मुख बंद नहीं कर सका।

कृष्ण ने अपने शरीर को इतना अधिक फुला लिया कि अजगर का दम घुट गया। दम घुटने के कारण अजगर की उसी समय मृत्यु हो गई। अजगर की मृत्यु के बाद कृष्ण अपने साथियों के साथ सुरक्षित बाहर निकल आए।

कहते हैं कि जहाँ कृष्ण तथा बलराम अपनी भेड़ और बकरियाँ चराने के लिए जाते थे, वहाँ एक बहुत बड़ा बाग था, जिसमें मीठे फलवाले अनेक प्रकार के वृक्ष थे। मीठे-मीठे फलों को देखकर ग्वालों का मन ललचाता था कि किस

प्रकार बाग में घुसकर मीठे फल खाए जाएँ? एक दिन सभी ग्वालों ने मिलकर फल खाने की अपनी इच्छा कृष्ण तथा बलराम से कही। कृष्ण व बलराम ग्वालों सहित तुरंत बाग में जा पहुँचे।

एक साँड़ के आकार के गधे के रूप में धेनुकासुर नाम का राक्षस बाग के पास में ही रहता था। धेनुकासुर बगीचे पर अपना अधिकार समझता था। वह किसी को भी बाग में घुसने नहीं देता था। कृष्ण और बलराम ने जैसे ही पेड़ पर चढ़ना शुरू किया, तभी धेनुकासुर दौड़ता हुआ आया और उन पर आक्रमण कर दिया। कृष्ण और बलराम का धेनुकासुर के साथ भयंकर युद्ध हुआ। धेनुकासुर बहुत शक्तिशाली था। बलराम और कृष्ण ने उसे पिछली टाँगों से पकड़कर पेड़ों पर उछाल दिया, जिसके कारण पेड़ से टकराकर उसकी मौत हो गई। उसके मरने के बाद सभी ग्वाले खुशी से झूमने लगे और कृष्ण तथा बलराम की जय के नारे लगाने लगे।

कृष्ण और बलराम ग्वालों के साथ नित्य प्रति नए-नए खेल खेलते थे। कभी वे लुका-छिपी का खेल खेलते तो कभी पशु-पक्षियों की बोली की नकल करते। कभी जंगली जानवरों के बच्चों की तरह कूद-फाँद करना और कुलाँचे भरना भी उन्हें बहुत अच्छा लगता था। सभी ग्वालों के साथ मिलकर कृष्ण-बलराम खेल में इस प्रकार मगन हो जाते कि उन्हें अपने अवतार होने का ज्ञान भी नहीं रहता था। सुबह से शाम तक कृष्ण रोज नए-नए खेल खेलते थे।

एक दिन कृष्ण ग्वालों के साथ जंगल में खेल रहे थे कि वहाँ पर न जाने कैसे आग लग गई। आग इतनी भयंकर थी कि सारे पेड़-पौधे आग की चपेट में आ गए और जंगली जीव-जंतुओं का जीवन भी खतरे में पड़ गया। सभी ग्वाले भयंकर आग को देखकर भयभीत हो गए और कृष्ण से आग को शांत करने के लिए प्रार्थना करने लगे। कृष्ण ने ग्वालों से कहा कि 'तुम सब पहले अपनी आँखें बंद करो, तभी मैं कुछ उपाय करूँगा।'

ग्वालों के आँखें बंद करने पर कृष्ण ने अपने मुख से एक लंबी साँस इस प्रकार ली कि आग की सारी लपटें उनके अंदर चली गईं। जब ग्वालों ने अपनी आँखें खोलकर देखा तो कहीं भी अग्नि नहीं थी। यह देखकर कृष्ण के सभी ग्वाले साथी आश्चर्यचकित हो गए और कृष्ण की जय-जयकार करने लगे। इस प्रकार श्रीकृष्ण अपने मित्रों को हर संकट से बचाते थे।

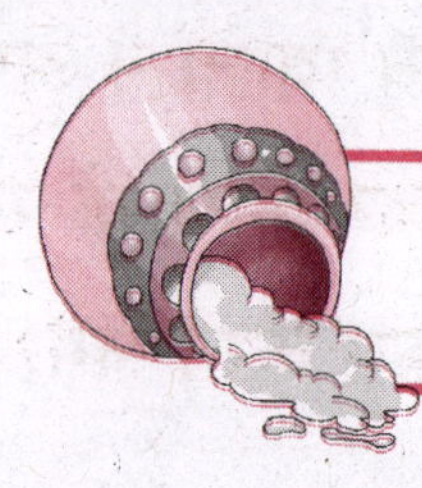

कृष्ण और कालिय नाग

यमुना नदी के पानी में सौ फनोंवाला एक विशाल नाग रहता था। उस नाग को सब 'कालिय' कहते थे। उसने अपने विष द्वारा सारे पानी को विषैला बना दिया था, ताकि जो भी पशु उस पानी को पिए, वह मर जाए और वह उसको खा जाए। इस प्रकार, न जाने कितने ही पशुओं ने उस पानी को पिया और मर गए। इसी कारण कोई भी यमुना नदी का पानी नहीं पीता था। मृत्यु के डर से कोई भी प्राणी यमुना की तरफ नहीं जाता था। यमुना के इलाके पर कालिय का ही अधिकार था।

एक बार श्रीकृष्ण अपने मित्रों के साथ नदी के किनारे गेंद खेल रहे थे। खेलते-खेलते उनकी गेंद पानी में गिर गई। कालिय नाग को सबक सिखाने की इच्छा से कृष्ण गेंद लाने के बहाने से पानी में कूद गए। कृष्ण को पानी में देखकर कालिय नाग क्रोध से फुँफकारने लगा और कृष्ण को अपनी लपेट में लेकर कुंडली कसने लगा। कृष्ण ने अपने शरीर को फुलाना शुरू कर दिया और इतना फुलाया कि कालिय नाग की सारी हड्डियाँ चटककर टूट गईं तथा उसकी कुंडली खुल गई।

इस प्रकार कृष्ण ने कालिय नाग को पराजित कर दिया तथा उसके फनों पर चढ़कर बाँसुरी बजाते हुए नृत्य करने लगे।

जब नंद बाबा और यशोदा को कृष्ण के यमुना में कूदने की बात का पता चला तो वे घबराकर तुरंत वहाँ पहुँच गए। कालिय नाग के फन पर कृष्ण को नाचते देखकर उन्हें बहुत आश्चर्य हुआ और उनकी आँखें फटी-की-फटी रह गईं।

कहते हैं, उस समय दीपावली के दूसरे दिन इंद्र देवता की पूजा की जाती थी, जिससे समय पर वर्षा हो। कृष्ण ने वृंदावनवासियों तथा अन्य लोगों से कहा कि 'हमें इंद्र के स्थान पर गाय की पूजा करनी चाहिए, जिसके दूध का हम अनेक प्रकार से उपयोग करते हैं या फिर गोवर्धन पर्वत की पूजा करनी चाहिए, जो हमारे पशुओं के खाने के लिए घास उगाता है।'

लोगों ने कृष्ण की बात मानी और इंद्र की पूजा छोड़कर गायों की पूजा शुरू कर दी। इससे इंद्र देवता बहुत क्रोधित हो गए और उन्होंने बहुत तेज वर्षा करनी प्रारंभ कर दी।

सारी पृथ्वी पर पानी-ही-पानी दिखाई देने लगा और चारों तरफ तबाही मच गई। कृष्ण सभी पशुओं तथा वृंदावनवासियों को गोवर्धन पर्वत की तलहटी में ले गए। वे गोवर्धन पर्वत को बाएँ हाथ की कनिष्ठा उँगली पर धारण करके सात दिनों तक खड़े रहे। अंत में इंद्र देवता को अपनी हार स्वीकार करनी पड़ी। तब से लेकर आज तक गोवर्धन-पूजा एक पर्व के रूप में मनाई जाती है।

जब कभी अपने प्रियजनों पर संकट आता था तब श्रीकृष्ण उनकी सहायता के लिए अवश्य पहुँच जाते थे। एक बार नंद बाबा ने सोचा कि वे सुबह-सुबह यमुना में स्नान करके एकादशी व्रत रखेंगे। जैसे ही उन्होंने यमुना में प्रवेश किया तो वरुण देवता के दूत ने उन्हें पकड़ लिया और उनके पास ले गया।

बहुत समय बाद भी जब नंद बाबा घर वापस नहीं लौटे तो परिवारवालों को उनकी चिंता सताने लगी। जब कृष्ण को इस बात का पता चला तो वे नंद बाबा को खोजते हुए यमुना नदी में कूदकर सीधे वरुण देव के सामने पहुँच गए। कृष्ण को देखकर वरुण देव बहुत लज्जित हुए और अपने दूत की गलती के

लिए क्षमा माँगी।

एक बार शिवरात्रि का दिन था। नंद बाबा पूरा दिन मंदिर में भजन-कीर्तन में लीन रहे और रात को इतना थक गए कि मंदिर के बाहर ही सो गए। तभी वहाँ पर एक बड़ा अजगर आया और नंद बाबा को वहाँ सोता देखकर उन्हें पैरों की तरफ से निगलने लगा। पीड़ा से कराहते हुए नंद बाबा की आवाज कृष्ण ने सुनी तो उन्हें अजगर को देखकर बहुत क्रोध आया। उन्होंने एक जोरदार लात अजगर को मारी। अजगर तुरंत विद्याधर के रूप में परिवर्तित हो गया। वास्तव में विद्याधर ही एक शाप के कारण अजगर बन गया था। अंत में नंद बाबा कृष्ण को देखकर बहुत प्रसन्न हुए और उन्हें अपनी छाती से लगा लिया।

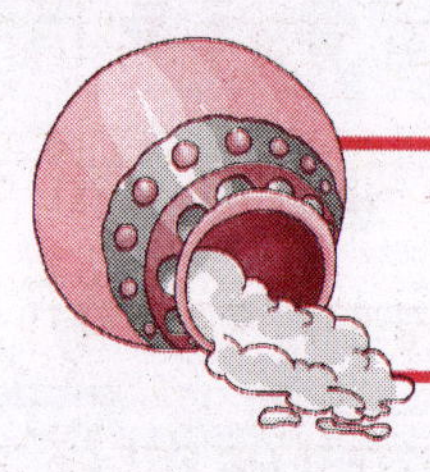

कृष्ण की रासलीला

बाल्यावस्था को पार करके कृष्ण ने जैसे ही किशोरावस्था में प्रवेश किया तो उन्हें गोपियाँ चाहने लगीं और वे आपस में केवल कृष्ण की ही बातें करतीं और यदि कृष्ण गोपियों को नहीं मिलते तो वे उदास हो जातीं।

धीरे-धीरे कृष्ण गोपियों के हृदय की धड़कन बन गए। कृष्ण की बाँसुरी की आवाज सुनकर गोपियाँ अपनी सुध-बुध खो देतीं और उन्हें खोजती हुई उपवन में पहुँच जातीं, जहाँ वे गोपियों के साथ रासलीला करते थे। गोपियों के साथ रासलीला करना कृष्ण को भी अच्छा लगता था। कृष्ण ने काम-वासना का संबंध आत्मिक दिव्यता से जोड़ दिया। जितनी गोपियाँ होतीं, कृष्ण अपनी दिव्य शक्ति से उतने ही रूप बना लेते और सभी के साथ रासलीला करते थे।

कहते हैं, कृष्ण वृंदावन की गोपियों के हृदय की धड़कन थे। सभी कृष्ण के प्रेम में पूरी तरह डूबी हुई थीं, किंतु राधा का प्रेम सबसे अलग था। कृष्ण राधा के निश्छल प्रेम का सम्मान करते थे। इसीलिए सभी गोपियाँ राधा को देखकर उससे ईर्ष्या करती थीं। राधा के शरीर के रोम-रोम में कृष्ण निवास करते थे। दूसरी गोपियों के प्रेम में राधा के प्रेम जैसी गहराई और समर्पण की भावना नहीं थी। कृष्ण के प्रति प्रेम में राधा ने समाज की कभी परवाह नहीं की। राधा को इस बात की कभी चिंता नहीं थी कि वह छिप-छिपकर कृष्ण से मिलने आती है तो उसके विषय में लोग क्या कहेंगे, या उसे देखकर हँसेंगे।

कृष्ण ने भी राधा के निश्छल प्रेम का मान रखा और हजारों रानियों के होते हुए भी राधा को सर्वोपरि स्थान दिया। वैसे तो राधा ने कभी कृष्ण से विवाह करने के लिए नहीं कहा। राधा अपने प्रेम को विवाह रूपी बंधन से दूर रखना चाहती थी। राधा-कृष्ण की जोड़ी वास्तव में निःस्वार्थ प्रेम का प्रतीक है। इसलिए राधा-कृष्ण के प्रेम को अमर माना जाता है। अनेक रानियों के होते हुए भी कृष्ण के साथ आज भी राधा का ही नाम लिया जाता है।

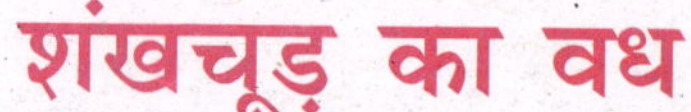

शंखचूड़ का वध

फागुन के महीने में होली खेलने के इरादे से कृष्ण और बलराम अपने सखाओं के साथ मधुवन गए। कृष्ण और बलराम वहाँ पर गोपिकाओं के साथ भी होली खेलना चाहते थे। इसलिए जैसे ही कृष्ण ने बाँसुरी बजानी शुरू की तो सारी गोपिकाएँ मधुवन दौड़ी आईं। सारी गोपिकाएँ पूरे वर्ष इसी प्रतीक्षा में रहतीं कि कब होली आए और कब वे कृष्ण के साथ होली खेलें!

शंखचूड़ नाम का कुबेर का एक दुष्ट कर्मचारी मधुवन के निकट ही घूम रहा था। जब उसने गोपियों को देखा तो उसके मन में पाप की भावना ने जन्म लिया और वह उनका अपहरण करने की सोचने लगा। शंखचूड़ जैसे ही गोपियों की तरफ झपटा, तभी गोपियाँ चिल्लाकर कृष्ण व बलराम को पुकारने लगीं। कृष्ण व बलराम तुरंत गोपियों की सहायता के लिए वहाँ आ गए।

कृष्ण को देखकर शंखचूड़ जैसे ही भागने लगा, तभी कृष्ण ने तेजी से दौड़कर शंखचूड़ को पकड़ लिया और उसके सिर पर कुल्हाड़े के समान तेज प्रहार किया। कृष्ण के हाथ के शक्तिशाली प्रहार को शंखचूड़ सहन न कर सका और तुरंत मृत्यु को प्राप्त हो गया। शंखचूड़ के फटे हुए सिर से कृष्ण को एक मणि प्राप्त हुई, जिसे उन्होंने बलराम को सौंप दिया।

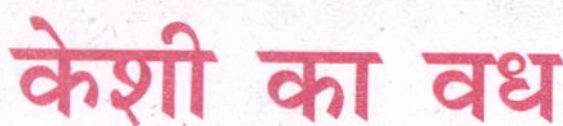

केशी का वध

कंस ने कृष्ण को मारने के लिए बड़े-बड़े राक्षसों को भेजा, किंतु कोई भी राक्षस कृष्ण को मारने में सफल नहीं हो सका, बल्कि कंस द्वारा भेजे गए सभी राक्षसों का कृष्ण ने वध कर दिया। प्रत्येक राक्षस का कृष्ण द्वारा वध कंस के लिए एक चुनौती था। इस बार कंस ने अरिष्टासुर नाम के राक्षस को कृष्ण की हत्या करने के लिए वृंदावन भेजा। अरिष्टासुर पागल साँड़ का रूप बनाकर वृंदावन गया और वहाँ जाकर उत्पात मचाने लगा। जैसे ही कृष्ण ने साँड़ को देखा तो उन्होंने उसकी गरदन पकड़कर मरोड़ दी और धक्का देते हुए उसे बहुत दूर तक ले गए और तब तक धरती पर पटकते रहे, जब तक कि उसकी मृत्यु न हो गई।

अरिष्टासुर की मृत्यु के बाद केशी नाम का राक्षस घोड़े का रूप बनाकर वृंदावन गया। केशी ने कृष्ण को काटने के इरादे से जैसे ही मुख खोला, कृष्ण ने उसके मुख में अपना हाथ डालकर गरदन के भीतर घुसेड़ दिया। कृष्ण ने केशी की गरदन के अंदर ही अपना हाथ इतना घुमाया कि उसका दम घुट गया और उसकी मृत्यु हो गई। इस प्रकार कृष्ण ने एक-एक करके कंस द्वारा भेजे गए सभी राक्षसों को मौत के घाट उतार दिया।

कंस द्वारा भेजे गए सभी असुरों को कृष्ण ने यमलोक पहुँचा दिया, जिसके कारण कंस को बहुत चिंता सताने लगी और उसने छल द्वारा कृष्ण की हत्या

करने की योजना बनाई।

कंस चाहता था कि किसी प्रकार छल द्वारा कृष्ण को मथुरा बुलाकर उनकी हत्या कर दी जाए। इसलिए कंस ने धनुष-पूजा के बहाने से नंद बाबा और वृंदावन के ग्वालों को निमंत्रण देने के लिए अपने मंत्री अक्रूर को वृंदावन भेज

दिया। अक्रूर जानते थे कि कृष्ण विष्णु भगवान् के अवतार हैं, इसलिए अक्रूर ने कृष्ण के पदचिह्नों को जब वृंदावन के बाहर देखा तो उन्होंने उस धूल को अपने मस्तक से लगा लिया।

नंद बाबा कृष्ण को कंस की मथुरा नगरी भेजना नहीं चाहते थे, क्योंकि वे कंस की दुष्टता से भली-भाँति परिचित थे। किंतु कृष्ण के हठ करने पर नंद बाबा ने अक्रूर की सहमति से उन्हें मथुरा जाने की अनुमति दे दी।

दूसरे दिन कृष्ण और बलराम अक्रूर के रथ पर सवार होकर मथुरा के लिए चल पड़े। अक्रूरजी श्रीकृष्ण के परम भक्त थे, इसलिए उन्होंने रास्ते में कृष्ण को कंस की कपट योजना के बारे में सबकुछ बता दिया। अक्रूरजी ने देवकी और वसुदेव पर किए गए सभी अत्याचारों से कृष्ण को अवगत कराया और कृष्ण को कंस से सावधान रहने की सलाह दी।

जैसे ही कृष्ण तथा बलराम मथुरा पहुँचे तो मथुरावासियों ने उन दोनों को बहुत ही आश्चर्य से देखा। क्योंकि मथुरावासियों ने उनके अद्भुत कार्यों के विषय में पहले ही सुन लिया था। कृष्ण-बलराम ने देखा कि एक धोबी राजसी वस्त्रों का गट्ठर राजमहल लेकर जा रहा है। कृष्ण-बलराम ने नटखट स्वभाव के कारण धोबी से वह गट्ठर छीन लिया और एक दर्जी से उन कपड़ों को काट-छाँट कराकर अपने ग्वाले मित्रों के पहनने लायक बनवा लिया।

राजमहल के माली ने जब कृष्ण-बलराम को उनके ग्वाले मित्रों के साथ देखा तो उसने उन्हें फूलों की सुंदर-सुंदर मालाएँ पहना दीं।

थोड़ी दूर चलने पर कृष्ण और बलराम ने देखा कि एक सुंदर स्त्री चंदन लेकर राजमहल जा रही थी। वह स्त्री देखने में अत्यंत सुंदर थी, किंतु दुर्भाग्य से

उसका शरीर कुबड़ा और टेढ़ेपन से युक्त था। कृष्ण ने उस स्त्री से कहा, 'देखो, तुम्हारे पास जो चंदन है, उसकी सुगंध हमें बहुत अच्छी लग रही है। इसलिए थोड़ा सा चंदन हमें भी दे दो।' उस स्त्री ने कृष्ण तथा बलराम और दूसरे ग्वालों के माथे पर प्रसन्नतापूर्वक चंदन का टीका लगा दिया। उस स्त्री से टीका लगवाकर कृष्ण-बलराम बहुत प्रसन्न हुए और देखते-ही-देखते उस स्त्री का कुबड़ापन ठीक हो गया और वह एक सुंदर स्त्री बन गई। कृष्ण के इस चमत्कार की चर्चा शीघ्र ही पूरी मथुरा नगरी में फैल गई।

कुवलयापीड का वध

कंस ने जिस स्थान पर धनुष-पूजा का आयोजन किया था, वहाँ एक धनुष रखवा दिया था। उस धनुष की प्रतिदिन पूजा होती थी। कृष्ण-बलराम जब उस स्थान पर पहुँचे तो पहरेदारों ने उन्हें रोकना चाहा, किंतु उन दोनों ने पहरेदारों की कोई परवाह नहीं की और धनुष को उठा लिया तथा इतनी जोर से डोर खींची कि धनुष टूट गया। धनुष के टूटते ही पहरेदार और सैनिक उन दोनों को मारने लगे। किंतु कंस के सैनिक उनका कुछ भी नहीं बिगाड़ पाए। कृष्ण और बलराम ने कंस के सभी सैनिकों को मारकर भगा दिया।

सैनिकों के मारे जाने से कंस क्रोधित हो गया और उसने छल से उन्हें मारने की सोची। दोनों भाइयों को मारने के लिए कंस ने उन्हें मल्लयुद्ध देखने का निमंत्रण दिया। कंस ने मल्लयुद्ध के अखाड़े के द्वार पर कुवलयापीड नाम का एक हाथी बाँधवा दिया, ताकि जब कृष्ण-बलराम अखाड़े में प्रवेश करें तो वह बिगड़ैल हाथी उन्हें मौत के घाट उतार दे। कंस ने हाथी को खूब मदिरापान कराया, जिससे हाथी आक्रामक होकर उन दोनों को अपने पैरों से कुचल दे।

दूसरे दिन जब कृष्ण-बलराम ने अखाड़े में प्रवेश किया तो महावत का इशारा पाकर हाथी उन दोनों की ओर बढ़ा और अपनी सूँड़ से उन्हें उठाने की कोशिश करने लगा। हाथी तो उन दोनों को अपनी सूँड़ से उठाने में असमर्थ रहा, किंतु कृष्ण ने हाथी को उसकी सूँड़ पकड़कर उठाया और अपने सिर से ऊपर

घुमाकर जमीन पर जोर से पटक दिया। दोनों भाइयों ने मिलकर हाथी के दाँत उखाड़कर उसे इतने घूँसे मारे कि वह तड़प-तड़प कर वहीं मर गया।

इस प्रकार कृष्ण-बलराम ने कंस का यह षड्यंत्र भी विफल कर दिया।

अखाड़े में एक अत्यंत सुंदर मंच बनाया गया था, जिस पर कंस विराजमान था। अपने बिगड़ैल हाथी कुवलयापीड के वध के बाद कंस बुरी तरह क्रोधित हो उठा था।

अखाड़ा दर्शकों से खचाखच भरा हुआ था। अखाड़े में दूर-दूर के शक्तिशाली पहलवान आए हुए थे, जिन्हें कंस ने कृष्ण की हत्या के इरादे से बुलाया था। जैसे ही कृष्ण-बलराम अखाड़े के अंदर आए तो पहलवानों ने उन्हें मल्लयुद्ध के लिए चुनौती दी। कृष्ण-बलराम ने उनकी चुनौती स्वीकार कर ली, क्योंकि वे दोनों जानते थे कि कंस को भयभीत करने का यही अवसर है, जिससे वह सुधर जाए और प्रजा पर अत्याचार करना बंद कर दे।

यद्यपि पहलवानों और कृष्ण-बलराम की आयु को देखते हुए यह मल्लयुद्ध नियमों के विरुद्ध था, लेकिन फिर भी कंस ने यह युद्ध कराया, क्योंकि वह हर कीमत पर कृष्ण को मारना चाहता था। सबसे पहले कृष्ण के सामने चाणूर नाम का पहलवान युद्ध करने आया तो कृष्ण ने उसे अपने सिर के ऊपर उठाकर जमीन पर इस प्रकार पटका कि उसके प्राण ही निकल गए। इसके बाद मुष्टिक पहलवान बलराम से युद्ध करने आया तो बलराम ने उसे भी मौत के घाट उतार दिया। इसके बाद दूसरे पहलवान अखाड़े में कृष्ण-बलराम से युद्ध करने लगे। लेकिन उन दोनों ने सभी पहलवानों को मौत के घाट उतार दिया।

कंस का अंत

कृष्ण और बलराम द्वारा अपने सभी पहलवानों की दर्दनाक मौत देखकर कंस बुरी तरह क्रोधित हो गया और आपे से बाहर होकर व्यवहार करने लगा। कंस ने अपने सैनिकों से कहा कि 'देखो, ये दुष्ट बालक भागने न पाएँ। इन्हें पकड़कर मौत के घाट उतार दो। वृंदावन से जो भी ग्वाले और नंद यहाँ कृष्ण के शुभचिंतक बनकर आए हैं, उन्हें इसी समय समाप्त कर दो। कारागार जाकर देवकी और वसुदेव की भी हत्या कर दो। कृष्ण से संबंध रखनेवाला कोई भी व्यक्ति इस समय जीवित नहीं बचना चाहिए।'

कंस की बातें सुनकर कृष्ण को बहुत क्रोध आया और वे कूदकर उस सिंहासन की ओर दौड़े जिस पर कंस बैठा हुआ था।

कृष्ण को अपनी ओर आता हुआ देखकर कंस डर गया और वहाँ से भागने का प्रयास करने लगा। किंतु कृष्ण कंस को बालों से पकड़कर घसीटते हुए अखाड़े के बीच में लाए और जोर से पटक दिया। कंस की छाती पर बैठकर कृष्ण ने उसके सिर पर कई जोरदार प्रहार किए, जिससे वह दर्द से कराहने लगा। इसके बाद कृष्ण ने कंस का गला इतने जोर से दबाया कि उसके प्राण-पखेरू उड़ गए और वह वहीं पर ढेर हो गया। कंस के मरने के साथ ही 'श्रीकृष्ण की जय' के नारों की आवाज अखाड़े में गूँजने लगी और मथुरा नगरी कंस के अत्याचारों से हमेशा के लिए मुक्त हो गई।

कंस की मृत्यु के बाद मथुरा नगरी खुशी से झूमने लगी। चारों तरफ खुशी का माहौल था। अब कृष्ण और बलराम देवकी और वसुदेव को कारागार से मुक्ति दिलाने गए। देवकी और वसुदेव ने जब कृष्ण और बलराम को देखा तो

उनकी आँखों में आँसू आ गए। देवकी और वसुदेव कहना तो बहुत कुछ चाहते थे, किंतु खुशी से उनके स्वर अवरुद्ध हो गए और उनके मुख से एक शब्द भी नहीं निकला। वे अश्रुपूर्ण नेत्रों से अपने दोनों पुत्रों को एकटक देखते ही रह गए।

वसुदेव की पहली पत्नी रोहिणी भी कारागार में उनसे मिलने आईं। नंद बाबा को देखकर देवकी और वसुदेव ने उन दोनों का धन्यवाद किया; क्योंकि नंद बाबा की सुरक्षा में ही उनके दोनों पुत्र कृष्ण-बलराम का पालन-पोषण हुआ था। महाराज उग्रसेन, जो कंस के कारागार में कैद थे, उन्हें भी कृष्ण ने बंधन-मुक्त कराकर मथुरा के राजसिंहासन पर सुशोभित किया।

कृष्ण व बलराम के यज्ञोपवीत आदि संस्कार विधिपूर्वक संपन्न कराने के बाद नंद बाबा वृंदावन चले गए। इसके बाद उज्जैन स्थित गुरु संदीपनी के आश्रम में शिक्षा प्राप्त करने के लिए कृष्ण व बलराम को भेज दिया गया। उस आश्रम में कृष्ण की भेंट सुदामा नाम के एक गरीब छात्र से हुई। कृष्ण व सुदामा दोनों गुरुमाता को भोजन पकाने के लिए जंगल से लकड़ियाँ लेने साथ-साथ जाते थे। इस प्रकार कृष्ण व सुदामा में धीरे-धीरे प्रगाढ़ मित्रता हो गई। आज भी कृष्ण-सुदामा की मित्रता का उदाहरण दिया जाता है, क्योंकि समय आने पर कृष्ण ने अपनी मित्रता का कर्तव्य अच्छी तरह से निभाया था।

कुछ दिनों उज्जैन में रहकर कृष्ण-बलराम ने अपनी शिक्षा पूरी की। शिक्षा प्राप्त करने के उपरांत आश्रम से विदा लेते समय गुरु संदीपनी बोले, 'देखो पुत्र! यदि तुम मुझे गुरुदक्षिणा देना चाहते हो तो मेरे पुत्र को ला दो, जो कुछ समय पूर्व नदी में स्नान करने गया और नदी में डूबकर मृत्यु को प्राप्त हो गया।'

अब कृष्ण सीधे यमलोक गए और वहाँ से गुरु-पुत्र को जीवित ले आए।

गुरुदेव और गुरुमाता ने जब अपने पुत्र को जीवित देखा तो उनकी खुशी का ठिकाना न रहा और उनकी आँखों से खुशी के आँसू बहने लगे। गुरुदेव और गुरुमाता चाहते हुए भी कृष्ण का आभार प्रकट न कर सके; क्योंकि आभार प्रकट करने के लिए उनके पास शब्द ही नहीं थे।

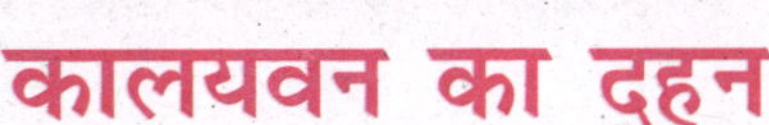

कालयवन का दहन

जब कंस के ससुर जरासंध को अपने जामाता के वध का पता चला तो वह मथुरावासियों का शत्रु बन गया, क्योंकि वह मथुरावासियों से कंस की मृत्यु का बदला लेना चाहता था। इसीलिए जरासंध ने मथुरा नगरी पर सत्रह बार अपनी सेना को लेकर चढ़ाई की, किंतु हर बार उसे हार का मुँह देखना पड़ा। लेकिन फिर भी जरासंध ने हिम्मत नहीं हारी।

जरासंध ने मथुरा की सुख-शांति को भंग करके मथुरावासियों का जीना मुश्किल कर दिया था। मथुरावासियों को हमेशा इस बात की चिंता रहती थी कि पता नहीं कब जरासंध की सेना आक्रमण कर दे? इसलिए मथुरावासी न तो खुश रहते थे और न ही अपने सुखद भविष्य के लिए कोई योजना बना पाते थे।

कृष्ण-बलराम ने मथुरा से दूर पश्चिमी तट पर अतिसुंदर द्वारिका नगरी का निर्माण किया। इस प्रकार कृष्ण-बलराम मथुरा छोड़कर मथुरावासियों के साथ द्वारिका में रहने लगे।

कालयवन नाम का जरासंध का मित्र भी कृष्ण का शत्रु था। वह कृष्ण की हत्या करना चाहता था। एक बार कालयवन के साथ युद्ध के दौरान कृष्ण ने अपना रथ द्वारिका मार्ग पर छोड़ दिया और स्वयं पहाड़ियों की ओर एक निर्जन स्थान की ओर भागने लगे। जब कालयवन ने कृष्ण को अकेला भागते हुए देखा तो वह भी उनके पीछे-पीछे भागने लगा।

कृष्ण भागते हुए एक गुफा में प्रवेश कर गए। उस गुफा में मुचुकुंद नाम का एक शक्तिशाली राजा वर्षों से गहरी नींद में सो रहा था। मुचुकुंद ने देवताओं की तरफ से राक्षसों से युद्ध किया था और देवताओं को विजय दिलाकर समस्त

राक्षसों को परास्त कर दिया था। विजय के उपरांत मुचुकुंद ने देवताओं से वरदान माँगा कि 'मैं बहुत थक चुका हूँ, इसलिए गहरी नींद में सोना चाहता हूँ।'

देवाधिदेव इंद्र ने खुश होकर कहा कि 'राजन्, जब तक आपकी इच्छा हो, आराम से सो जाइए। जो कोई भी आपको नींद से जगाएगा, वह आपकी कोपदृष्टि पड़ते ही जलकर भस्म हो जाएगा।'

कृष्ण ने गुफा में देखा कि मुचुकुंद गहरी नींद में सो रहा है, इसलिए कृष्ण ने अपना पीत वस्त्र मुचुकुंद के ऊपर डाल दिया। जब कालयवन कृष्ण का पीछा करते हुए गुफा में आया तो उसने कृष्ण का पीत वस्त्र देखकर मुचुकुंद को कृष्ण समझ लिया और तिरस्कार करते हुए उसे एक लात मारी, जिससे मुचुकुंद गहरी नींद से जाग उठा और अपने क्रोधित नेत्रों से जैसे ही उसने कालयवन को देखा, वह वहीं पर जलकर भस्म हो गया। इस प्रकार कृष्ण ने इंद्र द्वारा दिए गए वरदान का लाभ उठाकर अपने शत्रु कालयवन को मौत के घाट उतार दिया।

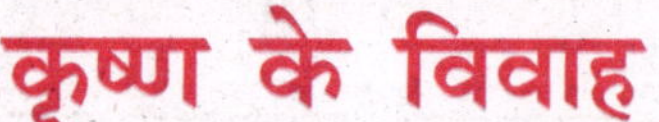

कृष्ण के विवाह

कृष्ण की कितनी रानियाँ थीं? इस बारे में तो ठीक-ठीक नहीं कहा जा सकता। हाँ, इतना अवश्य कहा जा सकता है कि अगर कृष्ण की रानियों के महलों की गिनती की जाए तो एक नगर अवश्य ही बस जाएगा। कृष्ण ने गोपियों के साथ रासलीला भी रचाई और हजारों विवाह भी किए। कुछ राजकुमारियों को तो कृष्ण ने स्वयंवर में जीता और कुछ का प्रेम के वशीभूत होकर हरण किया। कुछ राजाओं ने कृष्ण के सामने अपनी हार स्वीकार करके अपनी बहन अथवा पुत्री को अपनी इच्छा से उन्हें सौंप दिया। कुछ को कृष्ण ने अपने शत्रुओं से जीता। सत्यभामा, रुक्मिणी, जांबवती, सत्या, कालिंदी, मित्रविंदा, भद्रा व लक्ष्मणा कृष्ण की प्रमुख रानियाँ थीं।

सोलह हजार राजकुमारियाँ, जो कि भौमासुर राक्षस के किले में बंदी थीं, उन्हें कृष्ण ने स्वतंत्र कराया और राजकुमारियों के कहने पर उनसे विवाह भी कर लिया। ऋक्षराज जांबवान् एक दिव्य मणि के लिए कृष्ण से हार गए, तब उन्होंने प्रसन्नतापूर्वक अपनी पुत्री जांबवती का विवाह कृष्ण से कर दिया।

सत्राजित् की पुत्री का नाम सत्यभामा था। कृष्ण ने जब वह मणि सत्राजित् को सौंप दी तो उन्होंने खुश होकर अपनी पुत्री सत्यभामा का विवाह कृष्ण से कर दिया। इस प्रकार कृष्ण की हजारों पत्नियाँ थीं।

सुदामा के चावल

शिक्षा प्राप्त करने के बाद सुदामा वापस अपने गाँव चले गए और अपना जीवन पहले के समान दरिद्रता में बिताने लगे। सुदामा के घर की दशा इतनी दयनीय थी कि उन्हें अकसर भूखे पेट ही रहना पड़ता था। भूख से रोते-बिलखते बच्चों को देखकर सुदामा की पत्नी को बहुत दुःख होता था और वह सुदामा को समझाती थी कि वे कृष्ण के पास जाकर सहायता माँग लें। किंतु सुदामा संकोचवश अपनी पत्नी की बात को हमेशा टाल जाते थे। सुदामा को संदेह था कि उनके बचपन के मित्र श्रीकृष्ण आज द्वारिका के राजा हैं। वह पता नहीं उन्हें पहचानेंगे भी या नहीं? इसी उलझन में फँसे सुदामा कृष्ण के पास जाने का साहस नहीं जुटा पाते थे।

एक दिन पत्नी के हठ के सामने सुदामा को झुकना पड़ा और वे द्वारिका के लिए चल दिए। द्वारिका के वैभव-ऐश्वर्य को देखकर सुदामा आश्चर्यचकित हो गए। जैसे ही श्रीकृष्ण को सुदामा के आने की सूचना मिली, वे अपने मित्र से मिलने के लिए नंगे पैर दौड़े चले आए और पूरे सम्मान के साथ सुदामा को राजमहल में ले जाकर अपने सिंहासन पर बैठाया।

कृष्ण की रानियों ने स्वयं सुदामा की सेवा और आदर-सत्कार किया। द्वारिका जाते समय सुदामा की पत्नी ने एक पोटली में चावल बाँधकर दिए थे।

कृष्ण का वैभव देखकर सुदामा का साहस नहीं हुआ कि वे पोटली निकालकर कृष्ण को अपनी भेंट दे सकें। कृष्ण की नजर जब पोटली पर पड़ी तो उन्होंने सुदामा से पोटली छीन ली और उसमें से चावल निकालकर खाने लगे।

कुछ दिन रहने के बाद सुदामा ने कृष्ण से विदा ली और वापस अपने गाँव की तरफ चल दिए। कृष्ण ने सुदामा को विदा करते समय कुछ भेंट भी नहीं दी।

भारी कदमों से सुदामा अपने घर की तरफ लौट रहे थे कि वे अपनी पत्नी से कैसे कहेंगे कि उनके मित्र ने उनकी कुछ सहायता नहीं की? किंतु सुदामा के आश्चर्य का ठिकाना नहीं रहा, जब उन्होंने अपनी झोंपड़ी के स्थान पर एक सुंदर महल बना हुआ देखा। महल के दरवाजे पर गहनों से लदी उनकी पत्नी उनकी प्रतीक्षा कर रही थी। कृष्ण ने अपनी मित्रता निभाई और सुदामा के मुट्ठी भर चावलों के बदले उनके सारे दु:ख दूर कर दिए।

श्रीकृष्ण और दिव्य चक्र

एक दिन कृष्ण और अर्जुन इंद्रप्रस्थ में यमुना नदी के किनारे भ्रमण कर रहे थे कि वहाँ पर एक ब्राह्मण आया और कहने लगा, 'मेरी सहायता करो, मैं भूखा हूँ, मुझे भोजन देकर कृतार्थ करिए। अपनी भूख मिटाने के लिए मुझे बहुत सारा भोजन चाहिए।'

ब्राह्मण की बात सुनकर कृष्ण और अर्जुन चकित होकर बोले, 'हे ब्राह्मण देवता! भोजन के रूप में आपको कौन सी वस्तु और कितनी मात्रा में चाहिए, यह बता दीजिए।'

यह सुनकर ब्राह्मण ने अपने वास्तविक रूप में आकर कहा कि 'मैं ब्राह्मण नहीं, अपितु अग्निदेव हूँ और मेरा भोजन अग्नि है। मैं इस खांडव वन को जलाकर बहुत सारी अग्नि खाना चाहता हूँ। किंतु इंद्र देव मेरे रास्ते में विघ्न पैदा कर देते हैं, क्योंकि उनका मित्र तक्षक नाग भी इसी वन में रहता है। मैं जैसे ही अग्नि प्रज्वलित करता हूँ, तभी इंद्रदेव वर्षा करके उसे शांत कर देते हैं और मुझे भूखा ही रहना पड़ता है। आप अपनी मायावी शक्तियों द्वारा वर्षा को रोक दीजिए, जिससे संपूर्ण वन को जलाकर मैं अपनी भूख शांत कर सकूँ।'

अर्जुन ने कहा कि 'हे अग्निदेव! हमारे पास ऐसी कोई भी शक्ति नहीं है जिसे हम इंद्र देव के विरुद्ध प्रयोग कर सकें। आप यदि हमें कहीं से ऐसे अस्त्र दिला दें तो हम अवश्य ही आपकी इच्छा पूरी करेंगे।'

तभी अग्निदेव ने वरुणदेव का आह्वान किया और उनके प्रकट हो जाने पर इंद्रदेव के विरुद्ध प्रयोग होनेवाले अस्त्रों की माँग की। वरुणदेव ने दो रथ, दो धनुष और बाणों से हमेशा भरे रहनेवाले दो तूणीर अग्निदेव को भेंट कर दिए। अग्निदेव ने तुरंत उन्हें अर्जुन को सौंप दिया।

अग्निदेव ने श्रीकृष्ण को एक दिव्य चक्र देकर कहा, 'हे श्रीकृष्ण! यह सुदर्शन चक्र है। इसकी सहायता से आप बड़े-से-बड़े असुरों और देवताओं को भी परास्त कर सकते हैं। यह सुदर्शन चक्र शत्रु का विनाश करके वापस आपके पास आ जाएगा।' इंद्र के वज्र के समान कठोर प्रहार करनेवाली एक गदा भी अग्निदेव ने श्रीकृष्ण को भेंट की।

उस समय खांडव वन में बड़े-बड़े खूँखार अपराधी रहते थे, जो नगर में जाकर उत्पात मचाते थे। उनके विनाश के लिए कृष्ण और अर्जुन ने अग्निदेव को वन को जलाने की आज्ञा दे दी, जिससे वे अपनी भूख शांत कर सकें।

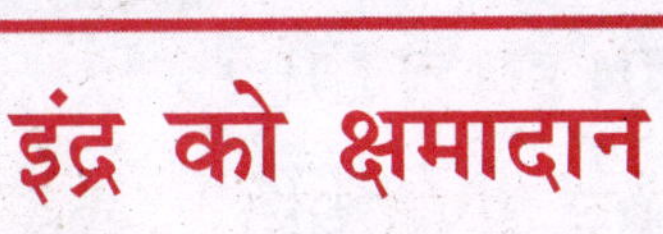

इंद्र को क्षमादान

खांडव वन में लगी आग की गरमी से झुलसे हुए देवता जब इंद्रदेव के पास सहायता के लिए गए तो इंद्रदेव को अपने मित्र तक्षक नाग की याद आ गई। अपनी दिव्य दृष्टि से इंद्र ने आकाश को छूती हुई आग की लपटों को देखा तो उनके क्रोध की सीमा न रही। इसलिए उन्होंने अपने मित्र की सहायता के लिए खांडव वन में भारी वर्षा प्रारंभ कर दी। किंतु आग की लपटें इतनी तीव्र थीं कि वर्षा की बूँदें आकाश में ही सूख गईं। यह देखकर इंद्रदेव अपने क्रोध को रोक न सके और देवताओं की सेना को साथ लेकर, ऐरावत हाथी पर बैठकर और वज्र हाथ में लेकर युद्ध करने के लिए खांडव वन की तरफ चल दिए।

जब इंद्र ने देखा कि कृष्ण और अर्जुन दिव्यास्त्रों से सुसज्जित होकर अग्निदेव की रक्षा के लिए तत्पर हैं तो उन्हें बहुत आश्चर्य हुआ; क्योंकि इंद्रदेव गोवर्धन-पूजा के समय पहले भी कृष्ण से परास्त हो चुके थे। अन्य देवता भी कृष्ण को देखकर अपने रथ से उतरकर भाग गए। लेकिन इंद्रदेव अपनी गरिमा को बनाए रखने के लिए युद्धभूमि से पीछे नहीं हटे और पर्वत की एक चोटी को उठाकर कृष्ण और अर्जुन के ऊपर फेंक दिया। लेकिन दिव्यास्त्रों के प्रयोग से अर्जुन ने पर्वत की चोटी के टुकड़े-टुकड़े कर दिए। यह दृश्य देखकर इंद्रदेव और भी क्रोधित हो गए।

तभी आकाशवाणी हुई कि 'इंद्रदेव! तुम अपने जिस मित्र के लिए यहाँ युद्ध

करने आए हो, वह पूरी तरह सुरक्षित है और खांडव वन छोड़कर जा चुका है। अपने मित्र की चिंता छोड़ दो। इस वन में छिपे दैत्यों, मायावी राक्षसों एवं अपराधियों सहित इस वन को जलने दो और कृष्ण से क्षमा माँगकर अपने लोक को वापस लौट जाओ।'

आकाशवाणी सुनकर इंद्र को अपनी गलती का अहसास हुआ और उन्होंने श्रीकृष्ण से क्षमा माँग ली। कृष्ण ने भी इंद्र को क्षमा कर दिया। इस प्रकार इंद्रदेव अपने लोक को लौट गए।

खांडव वन में लगी हुई भीषण अग्नि में से मय नाम का एक भयंकर दैत्य प्रकट हुआ। इंद्रदेव जैसे ही मय को पकड़ने उसके पीछे भागे तो मय ने देखा कि कृष्ण सुदर्शन चक्र लेकर खड़े हैं। मय कृष्ण को देखकर डर गया और अर्जुन के चरणों में गिरकर अपने प्राणों की भीख माँगने लगा। अर्जुन ने मय पर दया करके कृष्ण को रोक दिया कि वे उसे क्षमा करके जीवनदान देने की कृपा करें।

जीवनदान मिलने के बाद मय ने प्रसन्न होकर कहा कि 'मैं भवन-निर्माण की विशेष कला जानता हूँ। इस पृथ्वी पर कोई भी मेरे जैसा भवन नहीं बना सकता। मेरी प्राण-रक्षा कर आप दोनों ने मुझ पर जो उपकार किया है उसके बदले मैं आपकी सेवा करना चाहता हूँ।'

मय की बात सुनकर कृष्ण बहुत प्रसन्न हुए और बोले, 'मय, तुम इंद्रप्रस्थ-नरेश युधिष्ठिर के लिए एक ऐसा भवन तैयार करो, जो इस संसार में अद्वितीय हो और कोई भी व्यक्ति वैसा दूसरा भवन न बना सके।'

कृष्ण का आदेश मय ने शिरोधार्य किया और भवन बनाने में जुट गया। मय ने इतना सुंदर भवन बनाया कि पांडव भी उसे देखकर आश्चर्यचकित रह गए। अपने प्राण के बदले मय अर्जुन को और कोई उपहार देना चाहता था। मय ने स्वर्ण-निर्मित एवं हीरे-जटित एक गदा भीम को कैलास पर्वत से लाकर दी और अर्जुन को एक शंख दिया। इसके बाद अर्जुन और कृष्ण ने मय को इच्छित स्थान पर रहने की आज्ञा दी। इस प्रकार मय के चले जाने के बाद पांडव मय

द्वारा निर्मित भवन में सुखपूर्वक रहने लगे।

एक बार देवर्षि नारद इंद्रप्रस्थ पहुँचे। युधिष्ठिर ने नारदजी का बहुत आदर-सत्कार किया। तब नारदजी बोले, 'राजन्, मैं आपको आपके पिता की अंतिम इच्छा से अवगत कराना चाहता हूँ, जिसे वह असमय ही मृत्यु के कारण पूरी नहीं कर पाए।' युधिष्ठिर के पूछने पर नारदजी ने कहा, 'राजन्, आपके पिता राजसूय यज्ञ करना चाहते थे, जिससे आपकी श्रेष्ठता साबित हो सके।'

पिता की इच्छा जानने के बाद युधिष्ठिर तुरंत राजसूय यज्ञ करने के लिए तैयार हो गए और कुल पुरोहित को यज्ञ की तैयारी करने का आदेश दे दिया। इसके बाद युधिष्ठिर ने कृष्ण से सलाह ली। कृष्ण बोले, 'महाराज युधिष्ठिर, आपको राजसूय यज्ञ अवश्य ही करना चाहिए। पिता की इच्छा को पूरा करना पुत्र का धर्म है।'

कृष्ण ने युधिष्ठिर से कहा कि 'इस समय राजसूय यज्ञ करने में एक आपत्ति है। कंस-वध के कारण जरासंध मुझसे क्रोधित है और आपके द्वारा किए जा रहे राजसूय यज्ञ में वह अवश्य ही विघ्न डालेगा। इसलिए राजसूय यज्ञ से पहले जरासंध का वध करना अति आवश्यक है।'

कृष्ण ने युधिष्ठिर से कहा कि 'किंतु आप जरासंध की चिंता न करें। अर्जुन और भीम को मेरे साथ भेज दें। मैं भीम के हाथों से जरासंध का वध करा दूँगा; क्योंकि वही हमारा सबसे शक्तिशाली शत्रु है। जरासंध का वध करके आप सबसे शक्तिशाली राजा बन जाएँगे और तब राजसूय यज्ञ कराना आपके हित में ही होगा। इस प्रकार आपका राजसूय यज्ञ सफल होगा और आप अपने पिता की इच्छा को पूरा कर सकेंगे।'

जरासंध से भेंट

कृष्ण अर्जुन और भीम के साथ जरासंध से मिलने मगध गए। वे तीनों ही ब्राह्मण के वेश में थे। जिस समय वे मगध पहुँचे उस समय जरासंध यज्ञ कर रहा था। ब्राह्मण समझकर जरासंध ने उन तीनों को बहुत आदर और सम्मान दिया। कृष्ण ने जरासंध से कहा कि 'मेरे इन दोनों मित्रों ने मौन व्रत रखा है, इसलिए आधी रात से पहले ये कुछ नहीं बोल सकते।'

कृष्ण की बात सुनकर जरासंध ने उन्हें अतिथि-गृह में विश्राम करने को भेज दिया। जैसे ही आधी रात का समय हुआ, जरासंध उनसे मिलने अतिथि-गृह में गए। जब जरासंध ने उनसे उनका परिचय और उनके आने का प्रयोजन पूछा तो सबसे पहले भीम बोले, 'मैं कुंती-पुत्र भीम हूँ और तुमसे मल्लयुद्ध करना चाहता हूँ।'

जरासंध ने भीम की मल्लयुद्ध की चुनौती स्वीकार कर ली। इस प्रकार अर्जुन और कृष्ण ने भी अपना वास्तविक परिचय दिया। तीनों का वास्तविक परिचय जान लेने के बाद जरासंध क्रोधित होकर बोला, 'इस प्रकार मेरे घर में घुसकर मुझे ललकारने का क्या अर्थ है?'

जरासंध की बात का उत्तर देते हुए कृष्ण बोले, 'शत्रु के घर में घुसकर बिना किसी उद्देश्य के भी ललकारा जा सकता है। अनेक निर्दोष राजाओं को तुमने बंदी बनाकर रखा है, इसलिए तुम हमारे शत्रु हो; क्योंकि हम भी राजा हैं। तुम

उन बंदी राजाओं को रुद्रदेव को बलि चढ़ाना चाहते हो। क्या एक क्षत्रिय को दूसरे क्षत्रिय की बलि चढ़ाने का अधिकार है? हमें ज्ञात हुआ है कि तुम्हारे पास बंदी राजाओं की संख्या सौ से कम है और तुम सौ राजाओं की बलि देना चाहते हो। हो सकता है कि तुम हम पर भी चढ़ाई कर दो?'

कृष्ण ने जरासंध को समझाया कि 'हम व्यर्थ में रक्तपात करना नहीं चाहते। इसलिए हमने तुम्हें मल्लयुद्ध की चुनौती दी है। या तो तुम भीम को मल्लयुद्ध में परास्त करो या फिर अपनी पराजय स्वीकार करके बंदी बनाए हुए सभी राजाओं को छोड़ दो। इसी में तुम्हारी भलाई है।'

जरासंध ने कृष्ण की सलाह नहीं मानी और भीम की चुनौती को स्वीकार कर लिया। स्वयं कृष्ण भी यही चाहते थे कि जरासंध भीम के साथ मल्लयुद्ध करे।

तेरह दिनों तक भीम और जरासंध का मल्लयुद्ध चलता रहा। किंतु हार और जीत का निर्णय न हो सका। जरासंध को निराश करने के उद्देश्य से कृष्ण बोले, 'भीम, आज तुम्हारा प्रतिद्वंद्वी थका हुआ है, इसलिए तुम उस पर कठोर प्रहार मत करना। तुम्हारे घातक प्रहार से हो सकता है कि वह मर जाए। तुम देवताओं द्वारा दिए गए दिव्यास्त्रों का प्रयोग भी मत करना।'

भीम कृष्ण के कहने का अर्थ समझ गए। पूरी शक्ति के साथ उन्होंने जरासंध को अपने सिर से ऊपर उठाकर भूमि पर जोर से पटक दिया। एक वृक्ष के पीछे खड़े कृष्ण ने भीम को दिखाकर एक पत्ता पेड़ से तोड़ा और बीच में से चीर दिया। कृष्ण का अर्थ भीम समझ गए और उन्होंने जरासंध की दोनों टाँगें पकड़कर बीच में से चीर दीं।

जरासंध का जन्म दो भागों में हुआ था, जिसे जरा नाम की एक राक्षसी ने जोड़ दिया था। ऊपर से रीढ़ की हड्डी तक का भाग जुड़ा हुआ था। इसी जोड़ को भीम ने चीरकर अलग कर दिया था और उन्हें दाएँ-बाएँ फेंक दिया। लेकिन यह क्या? दोनों भाग आपस में आकर फिर से मिल गए और जरासंध जीवित हो गया! यह देखकर भीम आश्चर्यचकित रह गए।

भीम आश्चर्य से कृष्ण की तरफ देखने लगे। तब कृष्ण ने एक पत्ता और लिया और उसे बीच से चीरकर दो विपरीत दिशाओं में फेंक दिया। भीम तुरंत कृष्ण का इशारा समझ गए और जरासंध पर टूट पड़े तथा उसकी टाँगें पहले की तरह ही बीच में से चीर दीं और विपरीत दिशाओं में फेंक दीं। इस प्रकार जरासंध के शरीर के दोनों भाग अपनी जगह से पुन: नहीं मिले।

इस प्रकार जरासंध मारा गया। भीम ने भी अपनी विजय का श्रेय कृष्ण को दिया। वास्तव में कृष्ण की सहायता के बिना जरासंध का वध असंभव था।

जरासंध के वध के उपरांत युधिष्ठिर ने यज्ञ संपन्न किया। यज्ञ की समाप्ति के बाद आमंत्रित राजाओं में सबसे श्रेष्ठ व्यक्ति का पूजन किया जाता है। युधिष्ठिर ने श्रेष्ठ व्यक्ति के लिए श्रीकृष्ण का नाम सुझाया, जिसका द्रोणाचार्य, भीष्म पितामह तथा अन्य राजाओं ने समर्थन किया। कृष्ण का विरोध करनेवालों में दुर्योधन तथा शिशुपाल शामिल थे।

शिशुपाल कृष्ण की बुआ का बेटा था। वह हमेशा कृष्ण का विरोध करता और कृष्ण के लिए अपशब्दों का प्रयोग करता था। कृष्ण के चमत्कार, दिव्य शक्तियों और गुणों के कारण शिशुपाल को बड़ी ईर्ष्या होती थी। उसका कहना था कि आयु की दृष्टि से भी यहाँ उपस्थित राजाओं में से कृष्ण सबसे छोटा है, इसलिए इस सम्मान का यह कभी भी अधिकारी नहीं हो सकता।

शिशुपाल कृष्ण से बोला, 'तुम्हारे अंदर जरा भी लज्जा नहीं है, जो इतने योग्य और वृद्ध राजाओं के सामने अपनी पूजा कराओगे? हो सकता है कि पांडव तुमसे डरते हों, किंतु मैं तुमसे नहीं डरता। अपने नाम का विरोध न करके तुमने सिद्ध कर दिया कि है तुम कितने स्वार्थी, निर्लज्ज व असभ्य हो!'

शिशुपाल कृष्ण के लिए न जाने कितने अपशब्दों का प्रयोग करता रहा। लेकिन कृष्ण ने शिशुपाल की बात का कोई जवाब नहीं दिया। कृष्ण शिशुपाल के सारे अपशब्दों को हँसते हुए सुनते रहे। भीष्म क्रोधित हो गए। उनसे कृष्ण

का अपमान सहन नहीं हुआ। भीष्म शिशुपाल को डाँटने लगे, 'ब्राह्मणों में विद्वान् और क्षत्रियों में वीर की ही पूजा होती है। मेरे विचार से, श्रीकृष्ण में ये दोनों गुण उपस्थित हैं। कृष्ण वेदों के ज्ञाता हैं। मेरे विचार से श्रीकृष्ण ही पूजा के योग्य हैं।'

भीष्म की बातें सुनकर शिशुपाल का क्रोध और भी भड़क गया। वह बोला, 'वृद्धावस्था के कारण पितामह की बुद्धि भ्रष्ट हो गई है, जो इस ग्वाले की चापलूसी कर रहे हैं। इस ग्वाले की पूजा हम कभी भी नहीं करने देंगे। यह हमारा अपमान है।'

शिशुपाल के मुख से पितामह के लिए अपशब्द सुनकर श्रीकृष्ण के संयम का बाँध टूट गया। वह उठकर खड़े हो गए और बोले, 'अतिथिगणो! शिशुपाल मेरा फुफेरा भाई होकर भी ईर्ष्या करता है। इसने हर प्रकार के दुराचार और अपराध किए हैं। मेरी अनुपस्थिति में इसने द्वारिका में आग लगवाने की भी कुचेष्टा की थी। लेकिन जब भी मैं इसे दंड देने की सोचता हूँ, इसकी माता इसे क्षमा करने की मुझसे प्रार्थना करती है। इसकी माँ को मैंने सौ अपराध क्षमा करने का वचन दिया था। किंतु इसके सौ अपराध पूरे होने के बाद भी मैंने इसे आज तक दंड नहीं दिया। इसने जो आज पितामह का अपमान किया है, वही अपराध सौ अपराधों के बराबर है। आज मैं इसे अवश्य दंड दूँगा, ताकि दूसरे पापी भी अपराध करने का साहस न करें।'

इतना कहकर कृष्ण ने अपना सुदर्शन चक्र शिशुपाल पर चला दिया। शिशुपाल ने भागने की कोशिश की। किंतु सुदर्शन चक्र ने शिशुपाल का पीछा नहीं छोड़ा और उसका सिर धड़ से अलग कर दिया तथा कृष्ण के पास वापस लौट आया।

द्रौपदी की पुकार

जिस समय युधिष्ठिर द्यूत में राज-पाट, भाई, स्वयं तथा द्रौपदी को भी हार गए, उस समय दु:शासन दौड़कर द्रौपदी के कक्ष में आया और उसका अपमान करने लगा। दु:शासन बोला, 'द्रौपदी, सुन, हमने तुम्हें द्यूत में जीता है, अब तुम हमारी दासी हो। मुझे आज्ञा दी गई है कि तुम्हें खींचकर दरबार में लेकर जाऊँ। तुम अपनी इच्छा से दरबार में चलती हो या फिर मैं तुम्हारे बाल पकड़कर घसीटता हुआ ले चलूँ?'

दु:शासन की बातें सुनकर द्रौपदी रोती हुई गांधारी के कक्ष की ओर दौड़ी। लेकिन दु:शासन ने उसे बीच में ही पकड़ लिया और बाल पकड़कर घसीटता हुआ दरबार में ले गया। द्रौपदी की आँखों में आँसू थे। उसके बाल बिखरे हुए, वस्त्र अस्त-व्यस्त हो रहे थे। द्रौपदी पांडवों को क्रोधपूर्ण दृष्टि से देखकर बोली, 'धिक्कार है तुम सब पर! घर की लक्ष्मी को द्यूत में दाँव पर लगाते हुए तुम्हें जरा भी लज्जा नहीं आई। धिक्कार है इन बुजुर्गों पर, जो घर की लक्ष्मी का अपमान होते देख रहे हैं। मैं आप सबसे पूछती हूँ कि मेरे पति को मुझे द्यूत में दाँव पर लगाने का क्या अधिकार था?'

द्रौपदी रो-रोकर अपनी रक्षा के लिए सभी कुरु जनों से प्रार्थना कर रही थी। लेकिन सभी अपनी विवशता के कारण लज्जा से सिर झुकाए बैठे थे। तभी कर्ण ने पांडवों को अपमानित करने के लिए कहा कि 'मित्र दुर्योधन! इस द्रौपदी के

राजकीय वस्त्र और आभूषण उतार दो। इस घमंडी औरत को नग्न कर दो। तभी इसे अपनी वास्तविकता का पता चलेगा।'

आदेश पाकर दु:शासन द्रौपदी की साड़ी का एक छोर पकड़कर अपनी तरफ खींचने लगा। द्रौपदी को पूरा विश्वास हो चुका था कि कोई भी यहाँ

उसकी लाज नहीं बचाएगा। इसलिए द्रौपदी ने मन-ही-मन श्रीकृष्ण को पुकारा। द्रौपदी की पुकार सुनकर कृष्ण वहाँ अदृश्य रूप से उपस्थित हो गए और अपनी माया शक्ति से द्रौपदी की मदद करने लगे। दु:शासन द्रौपदी की एक के बाद दूसरी, फिर तीसरी साड़ियाँ खींचता रहा, लेकिन द्रौपदी के शरीर से साड़ियाँ उतरने का नाम ही नहीं ले रही थीं। ऐसा लगता था, मानो द्रौपदी ने रंग-बिरंगी हजारों साड़ियाँ पहन रखी हों। अंत में दु:शासन थककर गिर पड़ा। वह द्रौपदी को निर्वस्त्र नहीं कर सका।

तभी आकाशवाणी हुई—'दु:शासन! तुम नीचता की सीमा लाँघ चुके हो। अब अपना हाथ रोक लो। साड़ी का छोर छोड़कर दूर हट जाओ, अन्यथा तुम्हारे ऊपर ऐसा तड़ित-प्रहार होगा कि जलकर भस्म हो जाओगे।' आकाशवाणी सुनते ही दु:शासन साड़ी छोड़कर एक तरफ खड़ा हो गया।

आकाशवाणी का चमत्कार और द्रौपदी के शरीर से साड़ी का न उतरना, सब कृष्ण की ही माया थी; क्योंकि द्रौपदी की पुकार सुनकर ही श्रीकृष्ण ने उसकी सहायता की। इसीलिए कृष्ण को भक्त-वत्सल कहते हैं।

द्यूत में हारने के बाद शर्त के अनुसार पांडवों ने बारह वर्ष का वनवास और एक वर्ष का अज्ञातवास पूरी ईमानदारी से भोगा था। इस बीच उन्होंने अनेक कष्ट उठाए, लेकिन अपनी शर्त नहीं तोड़ी। अब कौरवों को शर्त के अनुसार पांडवों को उनका राज्य वापस लौटाना चाहिए था। किंतु ईर्ष्यालु दुर्योधन पांडवों को सुई की नोंक के बराबर भी हिस्सा देना नहीं चाहता था। इसी विषय पर विचार करने के लिए कृष्ण ने पंचाल-नरेश द्रुपद के साथ मिलकर एक सभा का आयोजन किया। सभा का उद्देश्य पांडवों को उनका राज्य वापस दिलाना था।

सभा का आरंभ श्रीकृष्ण ने किया। वे सभी सभासदों को संबोधित करके बोले, 'हम सब जानते हैं कि शकुनि के साथ मिलकर छलपूर्वक चौसर के खेल में पांडवों का राज्य छीन लिया गया। भरी सभा में द्रौपदी का अपमान किया गया। लाक्षागृह में पांडवों को जलाकर मारने की कोशिश की गई। बारह वर्ष के वनवास और एक वर्ष के अज्ञातवास में अनेक कष्ट उठाए, किंतु शर्त को पूरी ईमानदारी से निभाया। अब मेरे विचार से पांडवों को उनका राज्य वापस मिलना चाहिए; क्योंकि एक ही कार्य के लिए किसी को भी दो बार दंड नहीं मिल सकता।

'दुर्योधन पांडवों को उनका राज्य वापस नहीं देना चाहता। वह स्वयं को विचित्रवीर्य के राज्य का एकमात्र उत्तराधिकारी समझता है। उसका कहना है कि धृतराष्ट्र के अंधे होने के कारण पांडु को अस्थायी रूप से सिंहासन पर बैठाया गया था। अब हमें सत्य का समर्थन करते हुए पांडवों को उनका राज्य दिलाना चाहिए।' इस प्रकार कृष्ण ने सभासदों के सम्मुख अपनी बात स्पष्ट रूप से कह दी।

तभी द्रुपद बोले, 'सज्जनो! न्यायमूर्ति श्रीकृष्ण ने निष्पक्ष भाव से अपने विचार हमारे सामने रख दिए हैं। इसलिए सत्य का समर्थन करके हमें पांडवों को उनका राज्य वापस दिलाना चाहिए।'

इसी बीच सभा में उठकर बलराम ने कहा कि 'विचित्रवीर्य के राज्य का एकमात्र उत्तराधिकारी दुर्योधन ही है क्योंकि पांडु छोटे थे। उन्हें धृतराष्ट्र के अंधेपन के कारण ही अस्थायी तौर पर सिंहासन पर बैठाया गया था। महाराज धृतराष्ट्र की उदारता देखिए। उन्होंने पारिवारिक कलह से बचने के लिए आधा राज्य युधिष्ठिर को दे दिया, जिसे वे सुरक्षित न रख पाए। अब दुर्योधन ही राज्य का संपूर्ण अधिकारी है।'

इसके बाद एक यादव योद्धा ने सभा में उठकर कहा कि 'मैं बलराम की बात से सहमत नहीं हूँ। दुर्योधन की कपट चाल को न्याय नहीं कहा जा सकता। द्यूत में युधिष्ठिर को हराकर राज्य हड़पने की यह एक चाल थी, जिसमें पासे फेंकने का कार्य बेईमान शकुनि को दिया गया। शकुनि अभिमंत्रित पासे फेंकने में सिद्धहस्त है, यह हम सभी जानते हैं। छल के द्वारा दुर्योधन ने सीधे-सादे पांडवों को ठगा है। पांडव केवल एक शर्त हारे थे, जिसे उन्होंने पूरी ईमानदारी से पूरा किया है और अब वे अपना राज्य प्राप्त करने के अधिकारी हैं।'

अनेक तर्क-वितर्क के बाद सभा में यह निर्णय लिया गया कि पांडवों को उनका राज्य वापस मिलना ही चाहिए और एक दूत बनाकर कौरवों के दरबार में भेजना चाहिए कि धृतराष्ट्र अपने पुत्र दुर्योधन को समझाकर पांडवों का राज्य वापस कर दें। इस कार्य के लिए महाराज द्रुपद के कुल-पुरोहित को पांडवों का दूत बनाकर कौरवों के दरबार में भेजा गया। कृष्ण ने उस सभा में यह भी निर्णय लिया कि साथ ही युद्ध की तैयारी भी शुरू कर देनी चाहिए, ताकि यदि पांडवों को शांतिपूर्ण तरीके से राज्य वापस नहीं मिला तो युद्ध का रास्ता भी अपनाया जा सके।

द्रुपद के कुल-पुरोहित संजय पांडवों के दूत बनकर कौरवों के दरबार में गए और पांडवों का राज्य वापस लौटाने के लिए अपने विचार प्रस्तुत किए। भीष्म पितामह संजय की बात से सहमत थे कि पांडवों को आधा राज्य मिलना ही चाहिए। उन्होंने दुर्योधन को बहुत समझाया। वे बोले, 'देखो पुत्र, हम जानते हैं कि पांडव अजेय हैं। किंतु उन्होंने अपना दूत हमारे पास भेजकर नीतिपूर्ण कदम उठाया है। यदि तुमने अब भी उनका राज्य वापस नहीं किया तो तुम्हें बाद में

पछताना पड़ेगा। यदि पांडव चाह लें तो वे अपना ही नहीं, तुम्हारा राज्य भी छीन सकते हैं। पांडव कभी चुप नहीं बैठेंगे। इसलिए तुम सोच-समझकर निर्णय करना।'

धृतराष्ट्र और गांधारी भी चाहते थे कि पांडवों को उनका राज्य वापस दिया जाए, क्योंकि धृतराष्ट्र दुर्योधन और दु:शासन को मिली चेतावनी के कारण पहले ही बहुत डरे हुए थे। दुर्योधन ने पितामह भीष्म एवं धृतराष्ट्र की बात नहीं मानी और बोला, 'पिताश्री, आप हमारी बिलकुल चिंता न करें। यदि पांडव अद्वितीय योद्धा हैं तो हमारे पक्ष में भी बड़े-बड़े योद्धा हैं। क्या पांडव पितामह का युद्धभूमि में सामना कर पाएँगे? पितामह ने तो हस्तिनापुर के सिंहासन की रक्षा का प्रण लिया है। अर्जुन इतना बड़ा धनुर्धर नहीं है, जो द्रोणाचार्य को हरा सके। अर्जुन तो मेरे मित्र कर्ण के सामने भी नहीं टिक सकता।' दुर्योधन ने स्पष्ट शब्दों में कह दिया कि वह राज्य की अखंडता और रक्षा के लिए अंतिम साँस तक लड़ेगा। वह किसी भी स्थिति में पांडवों को सुई की नोंक के बराबर भी भूमि नहीं दे सकता।

दुर्योधन का उत्तर सुनकर पितामह भीष्म एवं धृतराष्ट्र सभी विवश हो गए। दुर्योधन ने कृष्ण से मिलने से भी साफ मना कर दिया, क्योंकि उसे संदेह था कि कृष्ण पांडवों से अधिक स्नेह करते हैं और उन्हीं का पक्ष लेंगे।

संजय हस्तिनापुर से लौट आए और सारी बातें पांडवों को बता दीं। युधिष्ठिर नहीं चाहते थे कि युद्ध की स्थिति पैदा हो। युधिष्ठिर दुर्योधन से पाँच गाँव लेकर ही समझौता करने को तैयार थे, किंतु दुर्योधन पांडवों को कुछ भी देना नहीं चाहता था। इसलिए युद्ध के अलावा और कोई रास्ता नहीं था।

कृष्ण ने युधिष्ठिर को समझाते हुए कहा, 'मैं स्वयं जाकर दुर्योधन को समझाऊँगा कि महाविनाश को आमंत्रण देने की भूल न करे।' युधिष्ठिर के मना करने पर भी कृष्ण शांतिदूत बनकर हस्तिनापुर गए और वहाँ जाकर दुर्योधन को हर प्रकार से समझाया; लेकिन दुर्योधन किसी भी स्थिति में समझौता करने को तैयार नहीं था।

दुर्योधन से मिलने के बाद कृष्ण कुंती से मिले। वह पांडवों के लिए कुंती का संदेश लेकर लौट आए। कुंती ने संदेश भेजा कि 'हे कृष्ण! युधिष्ठिर से कहना कि न्याय को ध्यान में रखकर प्रत्येक विषय पर गंभीरता से विचार करें। किसी के साथ भी अन्याय न हो और अपना अधिकार भी न छोड़ें। वे एक क्षत्रिय हैं और उनके भाई उनकी भुजाएँ हैं। यदि समझौते के सारे मार्ग बंद हो जाएँ तो युद्ध में भी संकोच न करें। द्रौपदी को सांत्वना देना कि उसके अपमान का समुचित प्रतिकार होगा।'

इस प्रकार शांतिदूत बनकर हस्तिनापुर गए कृष्ण भी निराश होकर वापस लौट आए और कुंती का संदेश भी युधिष्ठिर को सुना दिया।

जब दुर्योधन ने पांडवों को उनका आधा राज्य नहीं लौटाया तो युद्ध के अलावा दूसरा कोई उपाय नहीं बचा। इसलिए कौरव और पांडव दोनों ही युद्ध की तैयारी करने में लगे हुए थे। उस समय द्वारिका के यादव योद्धाओं की वीरता की प्रसिद्धि दूर-दूर तक फैली हुई थी। कौरव और पांडव यादव सेना को अपने पक्ष में मिलाना चाहते थे। इसलिए दुर्योधन श्रीकृष्ण से सहायता लेने के लिए द्वारिका पहुँच गया। उस समय दोपहर का भोजन करने के बाद कृष्ण विश्राम कर रहे थे, इसलिए दुर्योधन श्रीकृष्ण के सिरहाने बैठकर उनके जागने की

प्रतीक्षा करने लगा। उसी समय अर्जुन भी द्वारिका पहुँचे और कृष्ण को सोता हुआ देखकर पायताने खड़े होकर उनके जागने की प्रतीक्षा करने लगे।

जैसे ही श्रीकृष्ण सोकर उठे तो उनकी दृष्टि पायताने खड़े अर्जुन पर पड़ी। दुर्योधन सिरहाने खड़ा था, इसलिए कृष्ण ने उसे नहीं देखा। दुर्योधन और अर्जुन ने कृष्ण को प्रणाम किया और अपने आने का कारण भी बताया। दोनों ही सैन्य सहायता माँगने के लिए गए थे। अब कृष्ण के सामने बड़ी विकट समस्या थी। अर्जुन और दुर्योधन दोनों ही कृष्ण के संबंधी थे और दोनों ही एक-दूसरे के कट्टर शत्रु भी थे। इसलिए कृष्ण ने बलराम को बुलाया, ताकि उनका विचार भी जान सकें कि किसकी सहायता करें और किसे मना करें। बलराम ने कुछ नहीं कहा। मौन रहकर वहाँ से चले गए।

बलराम के चले जाने के बाद दुर्योधन ने कहा, 'श्रीकृष्ण, मैं जानता हूँ कि आप पांडवों से अधिक स्नेह करते हैं। किंतु मुझे पूरा भरोसा है कि आप मुझे भी निराश नहीं करेंगे। यहाँ पहले मैं आया था, इसलिए अपनी माँग रखने का पहला अधिकार मेरा है।'

कृष्ण ने दुर्योधन की बात का उत्तर देते हुए कहा कि 'यह सत्य है कि आप यहाँ अर्जुन से पहले आए। लेकिन निद्रा भंग होने के बाद मैंने पहले अर्जुन को देखा, यह भी सत्य है। जितना प्रेम मैं पांडवों से करता हूँ उतना ही प्रेम आपसे भी करता हूँ। इसलिए मैं आप दोनों की सहायता करूँगा।'

श्रीकृष्ण ने अर्जुन और दुर्योधन को अपनी नारायणी-सेना के विषय में बताया कि 'हम यादव अपनी वीरता के लिए बहुत प्रसिद्ध हैं। मेरी सेना में अनेक शक्तिशाली योद्धा हैं, जिन्होंने कई युद्ध जीते हैं। मेरी सेना एक पक्ष का

साथ देगी तथा दूसरे पक्ष में मैं अकेला रहूँगा। मैंने शपथ ली है कि इस महायुद्ध में मैं अस्त्र नहीं उठाऊँगा। अब आप दोनों सोच लें कि आपको किसे अपने पक्ष में लेना है?'

कृष्ण ने कहा कि परंपरा के अनुसार माँग रखने का पहला अधिकार अर्जुन का है, क्योंकि वह छोटा है। इसलिए अर्जुन, पहले तुम बताओ कि तुम्हारी माँग क्या है?' अर्जुन ने तुरंत हाथ जोड़कर कहा, 'मुझे मात्र आपकी आवश्यकता है। आपकी सेना से मुझे कोई आवश्यकता नहीं है। आप युद्ध में अस्त्र उठाएँ या न उठाएँ, मुझे कुछ अंतर नहीं पड़ता।' इस प्रकार श्रीकृष्ण पांडवों के पक्ष में चले गए और उनकी नारायणी-सेना दुर्योधन के पक्ष में चली गई। दुर्योधन कृष्ण की सेना को अपने पक्ष में लेने के बाद बहुत खुश हुआ। उसे विश्वास था कि नारायणी-सेना को अपने पक्ष में करके वह पांडवों को परास्त कर देगा।

दुर्योधन के जाने के बाद कृष्ण ने अर्जुन से कहा, 'अर्जुन, तुमने क्या सोचकर मुझे माँग लिया?'

अर्जुन ने कहा, 'श्रीकृष्ण, युद्धभूमि में कौरवों को धूल चटाने की मेरी इच्छा मात्र आपके द्वारा ही पूरी हो सकती है। इसलिए मैंने आपको माँग लिया।'

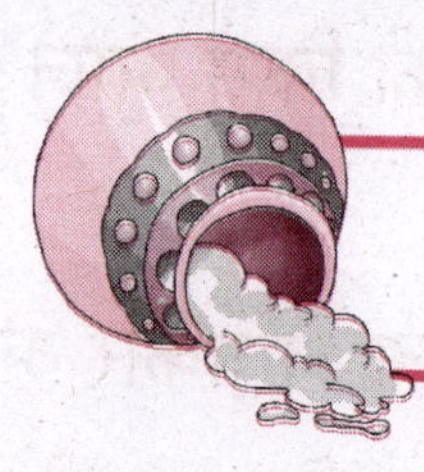

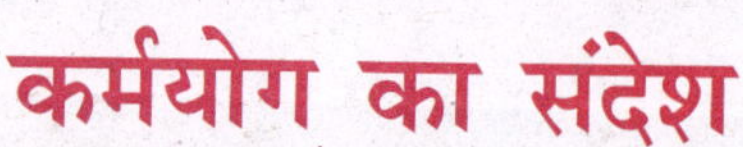

कर्मयोग का संदेश

जब कौरवों ने पांडवों को उनका आधा राज्य नहीं लौटाया तो युद्ध के अलावा और कोई रास्ता नहीं बचा था। इसलिए दोनों पक्षों ने युद्ध की घोषणा कर दी। निश्चित समय पर दोनों सेनाएँ युद्ध के मैदान में पहुँच गईं। जिस समय अर्जुन ने शत्रु-सेना में गुरु द्रोणाचार्य, भीष्म पितामह, अश्वत्थामा और अनेक रिश्तेदारों एवं सगे-संबंधियों को देखा तो उसका हृदय बहुत दुःखी हुआ और वह मन-ही-मन सोचने लगा कि हमें विजय प्राप्त करने के लिए अपने स्वजनों का ही वध करना पड़ेगा। इसलिए अर्जुन ने अपना धनुष-बाण एक तरफ रख दिया और कृष्ण से हाथ जोड़कर बोला, 'हे श्रीकृष्ण! अपने श्रद्धा के पात्र स्नेही जनों को यदि मैंने राज्य जैसी तुच्छ वस्तु के लिए मार दिया तो मैं निश्चित रूप से नरक का भागीदार बनूँगा। स्नेही जनों की हत्या करके प्राप्त होनेवाला राज्य मुझे कदापि नहीं चाहिए। नहीं, मैं युद्ध नहीं करूँगा।'

अर्जुन को निराश देखकर श्रीकृष्ण उसे कर्मयोग का उपदेश देने लगे और बोले, 'हे अर्जुन! मनुष्य को केवल अपना कर्म करना चाहिए। अपनी इच्छा से तुम कोई कर्म नहीं करते। सबकुछ करनेवाला तो ईश्वर है। ऐसा मन में सोचकर जब युद्ध करोगे तो तुम्हारे मन में किसी भी प्रकार का मोह उत्पन्न नहीं होगा।'

श्रीकृष्ण द्वारा कर्मयोग का उपदेश सुनकर अर्जुन के मन का संदेह दूर हो गया। अब उसके मन में कोई मोह नहीं था। इसलिए अर्जुन ने अपना धनुष-बाण उठाया और अपनी सेना को संबोधित करके बोला, 'वीरो! शत्रु-सेना पर टूट

पड़ो और उन्हें धराशायी कर दो।'

इस प्रकार कृष्ण द्वारा अर्जुन को युद्धभूमि में दिए गए उपदेश 'भगवद्गीता' के नाम से प्रसिद्ध हुए।

जैसे ही युद्ध का प्रारंभ हुआ तो कौरवों की सेना पांडव सेना पर भारी पड़ रही थी।

दुर्योधन यह सोचकर प्रसन्न था कि विजय उसकी ही होगी, क्योंकि भीष्म पितामह पांडवों की सेना का सफाया कर रहे थे। इसलिए उन्हें रोकना अत्यावश्यक था। भीष्म पितामह को रोकने के लिए अर्जुन ने श्रीकृष्ण से कहा कि वे उसका रथ पितामह के रथ के सामने ले चलें। अर्जुन का रथ श्रीकृष्ण इतनी कुशलता से चला रहे थे कि अर्जुन को रोकना असंभव था। अर्जुन वीरता से कौरव की सेना का संहार कर रहा था। यह देखकर दुर्योधन बहुत परेशान हो रहा था।

भीष्म पितामह के प्रत्येक बाण को अर्जुन इतनी कुशलता से काट रहे थे कि यह देखकर पितामह भी हैरान थे। श्रीकृष्ण अर्जुन के रथ-संचालन के साथ-साथ उन्हें कौरवों की हर कूटनीति के बारे में बताते थे।

युधिष्ठिर को बंदी बनाने के लिए दुर्योधन अर्जुन से युद्ध करने लगा। चूँकि उसने गुरु द्रोणाचार्य का दिया हुआ कवच पहन रखा था, इसलिए अर्जुन के बाणों का दुर्योधन पर कोई असर नहीं हो रहा था। तब श्रीकृष्ण ने कहा कि 'अर्जुन, इस दुष्ट को युद्ध में इस समय नहीं मारा जा सकता, क्योंकि इसने अभिमंत्रित कवच धारण किया हुआ है।'

अर्जुन कृष्ण की बात समझ गए और तुरंत बाणों की वर्षा करने लगे। देखते-ही-देखते अर्जुन ने दुर्योधन का रथ तोड़ दिया और घोड़ों को मार गिराया तथा दुर्योधन को बुरी तरह घायल कर दिया। अब दुर्योधन को अपने प्राण बचाकर युद्ध से भागना पड़ा।

श्रीकृष्ण अर्जुन को सही सलाह देते और उसके रथ को शत्रु से इस प्रकार बचाकर चलाते कि अर्जुन को कोई हानि नहीं होने देते थे।

युद्धभूमि में एक बार कर्ण निहत्थे भीम पर बाणों की वर्षा कर रहा था। तभी कृष्ण की दृष्टि भीम पर पड़ी, जो उस समय कर्ण के बाणों से घायल होता जा रहा था। कृष्ण ने अर्जुन का ध्यान कर्ण की तरफ आकृष्ट किया और रथ को

तेजी से कर्ण के सामने ले गए। अर्जुन कर्ण को देखकर क्रोधित हो गया। उसने कर्ण के ऊपर इस तरह बाणों की वर्षा की कि कर्ण को युद्धभूमि से अपनी जान बचाकर भागना पड़ा।

एक बार सात्यकि और भूरिश्रवा के मध्य भीषण युद्ध चल रहा था। पांडव

सेना के सात्यकि बहुत थके हुए थे और कौरव सेना का भूरिश्रवा एकदम तरोताजा था। दोनों ही वीरों में पहले धनुर्युद्ध, फिर कृपाण-युद्ध और फिर मल्लयुद्ध चल रहा था। दोनों ही योद्धा मल्लयुद्ध के अनोखे दाँव-पेंचों का इस्तेमाल कर रहे थे। श्रीकृष्ण ने अपनी पैनी नजर से देखा कि सात्यकि को भूरिश्रवा मारना चाहता है। भूरिश्रवा ने सात्यकि को मारने के लिए जैसे ही तलवार उठाई तो कृष्ण ने अर्जुन का ध्यान उस ओर आकृष्ट कर दिया। अर्जुन ने तुरंत इस तरह बाण चलाया कि भूरिश्रवा का हाथ कटकर गिर गया।

सारथि का कर्तव्य श्रीकृष्ण ने अच्छी तरह से निभाया। जहाँ श्रीकृष्ण देखते कि पांडव सेना के किसी भी योद्धा को अर्जुन की जरूरत है, वे कुशलता से रथ को वहीं ले जाते।

अभिमन्यु की मृत्यु के बाद अर्जुन ने प्रतिज्ञा की थी कि वह सूर्य छिपने से पहले जयद्रथ का वध कर डालेगा। यदि ऐसा नहीं हुआ तो वह आत्मदाह कर लेगा। जयद्रथ का वध करने के लिए उस दिन अर्जुन सुबह से उसे खोज रहा था। कर्ण और दुर्योधन पूरी तरह से जयद्रथ की सुरक्षा कर रहे थे, क्योंकि उन्हें अर्जुन की प्रतिज्ञा के विषय में ज्ञात था।

सूर्यास्त होने में थोड़ा ही समय शेष था। इसलिए कर्ण और दुर्योधन बहुत खुश थे कि जयद्रथ को मारने में असफल अर्जुन अवश्य ही आत्महत्या करेगा। जयद्रथ के न मिलने से अर्जुन को दुःखी देखकर कृष्ण ने कहा, 'अर्जुन, जयद्रथ को बचाने के लिए आज पूरी कौरव सेना एकजुट हो खड़ी है और उस घेरे में जयद्रथ छिपा है। घेरे को तोड़ने के बाद ही तुम जयद्रथ को मार सकते हो। सूर्य के छिपने में थोड़ा ही समय शेष है, इसलिए समय नष्ट मत करो।'

श्रीकृष्ण ने अर्जुन से कहा कि 'देखो, घोड़े थक चुके हैं। इन्हें आराम दिए बिना मैं इन्हें आगे नहीं बढ़ा सकता। अपने बाणों से एक सुरक्षित घेरा बना दो, जहाँ हम शत्रु से बचकर थोड़ी देर आराम कर सकें।'

अर्जुन को कृष्ण की बात सुनकर बड़ा आश्चर्य हुआ। कृष्ण के कहने का अर्थ अर्जुन की समझ में नहीं आया। तब अर्जुन ने कहा, 'केशव, कार्य पूरा किए बिना मैं विश्राम कैसे कर सकता हूँ? विश्राम करने पर सूर्यास्त हो जाएगा और फिर मैं पुत्र के हत्यारे को कैसे मारूँगा?'

अर्जुन की बात सुनकर श्रीकृष्ण ने हँसकर कहा, 'अर्जुन, सूर्यास्त होने में देर है। इसलिए मैं जैसा कहता हूँ, वैसा ही करो। बिना विश्राम किए कार्य पूरा नहीं होगा।'

विवश होकर अर्जुन ने कृष्ण की बात मान ली। बाणों के सुरक्षित घेरे में कृष्ण ने घोड़ों को पानी पिलाया और मालिश की तथा घावों पर लेप लगाया। अर्जुन ने अपना धनुष-बाण रख दिया और विश्राम करने लगा। तभी कृष्ण ने निराशा भरे शब्दों में कहा कि 'अर्जुन, तुम अपनी प्रतिज्ञा का दूसरा भाग पूरा करने की तैयारी करो। समय को देखते हुए जयद्रथ क. मारना कठिन है।'

तभी कृष्ण ने शंख बजाकर युद्ध बंद करने की घोषणा कर दी, ताकि सभी लोग यह समझ सकें कि सूर्य अस्त हो चुका है। शंख की ध्वनि सुनकर कौरव सेना में खुशी की लहर दौड़ पड़ी। तभी कौरव सेनाओं के प्रमुख योद्धाओं के घेरे को तोड़कर जयद्रथ बाहर आया और देखने लगा कि क्या सचमुच अर्जुन आत्मदाह की तैयारी कर रहा है? जयद्रथ ने देखा कि अर्जुन अपना धनुष-बाण रख चुका है और कृष्ण जल्दी-जल्दी लकड़ियाँ लगाकर चिता की तैयारी कर रहे हैं।

कृष्ण की दृष्टि जैसे ही कौरवों की सेना के बाहर खड़े जयद्रथ पर पड़ी, उन्होंने तुरंत घोड़े की लगाम पकड़ ली और चिल्लाकर बोले, 'अर्जुन, अपना गांडीव उठा लो, तुम्हारा शत्रु जयद्रथ सामने खड़ा है। आकाश में देखो कि सूर्य अस्त होने में अभी समय शेष है। अपनी प्रतिज्ञा पूरी करो।'

कृष्ण ने कहा कि 'यह सब मैंने भ्रम पैदा करने के लिए किया था।' यह देखकर दुर्योधन घबरा गया। जयद्रथ जान बचाने के लिए भागने लगा; किंतु उससे पहले ही अर्जुन ने धनुष पर बाण चढ़ा लिया था। तभी कृष्ण ने कहा कि 'अर्जुन! देखो, जयद्रथ का पिता उत्तर दिशा में सौ योजन दूर बैठकर तपस्या कर रहा है। तुम सावधानी से इस गति से बाण चलाना कि जयद्रथ का सिर कटकर उसके पिता की गोद में ही गिरे। यदि जयद्रथ का सिर कटकर जमीन पर गिर गया तो तुम्हारे सिर के सौ टुकड़े हो जाएँगे।'

अर्जुन ने जैसे ही तीर चलाया, जयद्रथ का सिर कटकर उसके पिता की गोद में जा गिरा। चौंककर जब उसके पिता उठे तो जयद्रथ का सिर भूमि पर गिर पड़ा और उसके सिर के सौ टुकड़े हो गए।

जयद्रथ के वध के बाद अर्जुन ने जब सूर्यास्त की माया के विषय में पूछा तो कृष्ण ने कहा कि 'जब बल से कार्य सिद्ध न हो तो कौशल से करना चाहिए। वास्तव में सूर्य अस्त नहीं हुआ था। मैंने अपने योगबल से सूर्य पर आवरण डालकर सूर्य के अस्त होने की माया फैला दी थी। माया के हटते ही सूर्य फिर निकल आया और सूर्यास्त की माया से ही जयद्रथ का वध हो पाया।'

द्रोणाचार्य पांडव सेना का संहार कर रहे थे। पांडव सेना का जो वीर योद्धा उनके सामने पड़ता, वे उसे ही मार गिराते थे। यह देखकर पांडवों ने सोचा कि जब तक द्रोणाचार्य के हाथ में अस्त्र हैं, तब तक उन्हें पराजित नहीं किया जा सकता। कौरवों को पराजित करने के लिए द्रोणाचार्य का शस्त्रास्त्र रखना बहुत आवश्यक था। कृष्ण जानते थे कि यदि कोई अप्रिय समाचार किसी विश्वासपात्र व्यक्ति के द्वारा उन्हें सुनाया जाए तो वे शस्त्र रखकर ध्यानस्थ हो जाते हैं। यही बात कृष्ण ने पांडवों को याद दिलाई।

तब योजना बनी और उसी के अनुसार भीम ने अश्वथामा नामक एक हाथी का वध कर डाला। तत्पश्चात् पांडव सेना के सैनिकों ने शोर मचा दिया– 'अश्वथामा मारा गया–अश्वथामा मारा गया'। शोर सुनकर आचार्य द्रोण सकते में आ गए। जनसंहार करते उनके हाथ रुक गए। उन्होंने समाचार की पुष्टि के लिए युधिष्ठिर से पूछा। युधिष्ठिर बोले, 'हाँ, यह सच है, अश्वथामा मारा गया, परंतु हाथी, आपका पुत्र नहीं।' 'अश्वथामा मारा गया' के बाद के शब्द आचार्य द्रोण सुन न सके और शोकमग्न होकर रथ पर बैठ गए। तभी धृष्टद्युम्न ने तलवार से उनका सिर धड़ से अलग कर दिया।

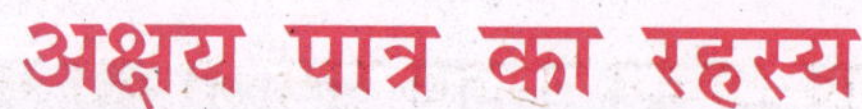

अक्षय पात्र का रहस्य

जिस समय पांडव वनवास कर रहे थे, तब दुर्योधन को ज्ञात हुआ कि वे वन में भी राजा-महाराजाओं के समान ही आतिथ्य-सत्कार, ब्राह्मणों और गरीबों को भोजन कराते हैं। उनके द्वार से कोई भी भूखा नहीं जाता। दुर्योधन तो पांडवों को निर्धन समझता था। लेकिन उनका घर एक मंदिर था, जहाँ आकर सबकी भूख-प्यास मिट जाती थी।

एक दिन दुर्योधन के गुप्तचर ने बताया कि पांडवों के पास एक ऐसा अक्षय पात्र है, जिससे पकाया हुआ भोजन तब तक समाप्त नहीं होता, जब तक द्रौपदी सबको खिलाने के बाद स्वयं भोजन करके उसे माँज-धोकर नहीं रखती। इसलिए ऋषि-मुनियों का पांडवों के घर पर ताँता लगा रहता है। यदि दुर्योधन चाहता तो उस अक्षय पात्र को भी समाप्त करवा देता। लेकिन पांडवों की वीरता, द्रौपदी का सतीत्व सबसे बड़ी रुकावट थी, इसीलिए वह अक्षय पात्र को कोई हानि नहीं पहुँचा सका।

एक बार ऋषि दुर्वासा दुर्योधन के राजमहल में पहुँचे। दुर्योधन ने ऋषि का बहुत आदर-सत्कार किया। दुर्योधन के अतिथि-सत्कार से प्रसन्न होकर ऋषि ने उसे वरदान माँगने को कहा। कपटी दुर्योधन को जैसे पांडवों के विनाश का मंत्र मिल गया हो। उसने ऋषि के चरणों में प्रणाम करके कहा, 'मुनिवर, आपकी कृपा-दृष्टि बनी रहे, मुझे इससे अधिक कुछ नहीं चाहिए। मेरी प्रार्थना है कि

आप मेरे बड़े भ्राता युधिष्ठिर के घर उस समय पधारें, जब द्रौपदी भोजन से निबटकर शयनागार में हो।'

ऋषि तुरंत दुर्योधन के मन में छिपे ईर्ष्या के भाव को समझ गए। वे दुर्योधन से बोले, 'तूने मुझे प्रसन्न किया है और मैं तुझे वरदान देकर वचनबद्ध हूँ, इसलिए मैं युधिष्ठिर के घर अवश्य ही जाऊँगा। किंतु यह नियमों के विरुद्ध है।'

कुछ समय बाद पाँचों पांडवों के भोजन करने के बाद द्रौपदी स्वयं भी भोजन करके शयनागार में चली गई। तब ऋषि दुर्वासा युधिष्ठिर के घर पर पधारे और युधिष्ठिर से बोले, 'आप हमारे लिए भोजन तैयार कराएँ। हम अपने शिष्यों सहित यहीं पर भोजन करेंगे।'

जब द्रौपदी को पता चला कि ऋषि दुर्वासा अपने एक हजार शिष्यों सहित भोजन करने के लिए आए हैं तो वह भय से काँपने लगी; क्योंकि वह जानती थी कि ऋषि दुर्वासा यदि चाहें तो क्रोधित होकर पांडवों को जलाकर भस्म कर सकते हैं। ऋषि दुर्वासा के सामने बड़े-बड़े राजा-महाराजा भी काँपते थे। सारी स्थिति को जानते हुए भी युधिष्ठिर विवश थे। द्रौपदी युधिष्ठिर की परेशानी को समझकर अंदर गई और द्वारिकानाथ श्रीकृष्ण को मन-ही-मन स्मरण करने लगी कि 'हे वसुदेव! मेरे पतियों को ऋषि दुर्वासा के क्रोध से बचाएँ। इस संसार में धर्म व मर्यादा की आप ही रक्षा करनेवाले हो। मुझ कमजोर, असहाय अबला की रक्षा आप ही कर सकते हो। हे श्रीकृष्ण! देवाधिदेव, मेरी रक्षा करो!'

श्रीकृष्ण ने द्रौपदी की प्रार्थना सुनी और तुरंत उसके सामने प्रकट हो गए। कृष्ण को देखकर द्रौपदी की आँखों में खुशी के आँसू छलक आए। वह अश्रुपूरित नेत्रों से हाथ जोड़कर बोली, 'हे वसुदेव! मैं धन्य हो गई। मुझ अभागिन पर इतनी कृपा करके आपने मुझे धन्य कर दिया।'

कृष्ण हँसकर बोले, 'द्रौपदी, मुझे कुछ खिलाओ, बहुत भूख लगी है।' कृष्ण के शब्द सुनकर द्रौपदी रोते हुए बोली, 'प्रभु, परिहास मत कीजिए। मुझे शीघ्र ही संकट से उबारिए।'

श्रीकृष्ण ने द्रौपदी को समझाते हुए कहा कि 'रोने या घबराने से कुछ नहीं होता। जैसा मैं कहता हूँ, वैसा ही करो। अब मैं यहाँ आ गया हूँ, अब सबकुछ ठीक हो जाएगा।' कृष्ण की बातें सुनकर द्रौपदी अंदर से अक्षय पात्र लाई और कृष्ण के हाथों में सौंप दिया।

श्रीकृष्ण ने पात्र के अंदर झाँककर देखा तो उन्हें उसके अंदर अन्न का एक कण लगा हुआ दिखाई दिया, जिसे देखकर श्रीकृष्ण खुश होकर बोले, 'समस्त संसार के अधिपति इस अन्न के कण से तृप्त हो जाइए।'

इसके बाद श्रीकृष्ण ने द्रौपदी से कहा कि 'देखो, मेरा पेट भर चुका है और अंदर से तृप्ति बतानेवाली डकारें भी आ रही हैं।'

जब श्रीकृष्ण ने अन्न के कण से तृप्त होनेवाली बात कही तो उससे मुनि भी तृप्त हो गए और उनकी भूख समाप्त हो गई। ऋषि दुर्वासा समझ गए कि यह सब पांडवों के अच्छे आचरण से ही संभव है। ऋषि दुर्वासा ने कहा, 'अरे शिष्यो! युधिष्ठिर हमें बुलाने आएँ, इससे पहले ही हमें यहाँ से चले जाना चाहिए। क्योंकि मुझे भगवान् के भक्तों से बड़ा डर लगता है और युधिष्ठिर तो साक्षात् धर्म के अवतार हैं।'

इस प्रकार, श्रीकृष्ण ने अपने भक्तों की हमेशा ही रक्षा की है।